商业新闻出版公司和轻松读文化事业有限公司提供内容支持

GOOD STRATEGIES
KNOWN TO ALL SMART BOSSES

聪明老板都懂的好策略

轻松读大师项目部 编

中国盲文出版社

图书在版编目（CIP）数据

聪明老板都懂的好策略：大字版 / 轻松读大师项目部编. —北京：中国盲文出版社，2017.3
ISBN 978 - 7 - 5002 - 7805 - 4

Ⅰ.①聪…　Ⅱ.①轻…　Ⅲ.①企业领导学　Ⅳ.①F272.91

中国版本图书馆 CIP 数据核字（2017）第 062462 号

本书由轻松读文化事业有限公司授权出版

聪明老板都懂的好策略

编　　者：轻松读大师项目部
出版发行：中国盲文出版社
社　　址：北京市西城区太平街甲 6 号
邮政编码：100050
印　　刷：北京汇林印务有限公司
经　　销：新华书店
开　　本：787×1092　1/16
字　　数：80 千字
印　　张：11.75
版　　次：2017 年 3 月第 1 版　2017 年 5 月第 1 次印刷
书　　号：ISBN 978 - 7 - 5002 - 7805 - 4/F · 140
定　　价：40.00 元
销售热线：(010) 83190297　83190289　83190292

出版前言

数字文明为我们求知问道、拓展格局带来空前便利，同时也使我们深受信息过剩、知识爆炸的困扰。面对海量信息，闭目塞听、望洋兴叹固非良策，不分主次、照单全收更无可能。时代快速变化，竞争不断升级，要想克服本领恐慌，防止无知而盲、少知而迷，需尽可能将主流社会的最新智力成果内化于心、外化于行，如此才能更好地顺应时代，提高成功概率。为使读者精准快速地把握分散在万千书卷中的新理念、新策略、新创意、新方法，我们组织编写了这套《好书精读丛书》。

这套书旨在帮助读者提高阅读质量和效率。我们依托海内外相关知识服务机构十多年的持续积累，博观约取，从经济管理、创业创新、投资理财、营销创意、人际沟通、名企分析等方面选取数百种与时俱进又经世致用的好书分类整合，凝练出版。它们或传播现代经管新知，或讲授实用营销技巧，或聚焦创新创业，或分析成功者要素组合，真知云集，灼见荟萃。期待这些凝聚着当代经济社会管理创新创意亮点的好书，能为提升您的学识见解和能力建设提供优质有效便捷的阅读资源。

聚焦对最新知识的深度加工和闪光点提炼是这套书的突出特点。每本书集中解读4种主题相关的代表性好书，以“要点整理”“5分钟摘要”“主题看板”“关键词解读”“轻松读大师”等栏目精炼呈现各书核心观点，崇真尚实，化繁为简，您可利用各种碎片化时间在赏心悦目中取其精髓。常读常新，明辨笃行，您一定会悟得更深更透，做得更好更快。

好书不厌百回读，熟读深思子自知。作为精准知识服务的一次尝试，我们期待能帮您开启高效率的阅读。让我们一起成长和超越！

目　录

超过百万个领导力个案揭露铁一般的事实：卓越领导者必须面对，也必须做到十大铁则：领导者要相信自己；信誉是领导的基础；为共同价值观而战；领导者须放眼未来；领导者要重视团队合作；信任是众志成城的凝聚力；挑战是卓越领导者必经的考验；言行要一致；做一个终身学习者；带人就是要带心。

商界普遍认为，想要赚钱，就得尽量压低劳动成本，因此只能提供“烂工作”。现在有一些成功企业反其道而行。它们运用所谓的“好工作”策略——提供待遇高、福利好而且工时稳定的工作，最终开创了员工开心、顾客满意、投资获利的三赢局面。

全心投入的员工，才能带来死心塌地的顾客，这是建立顾客忠诚度与不断创造企业获利的不二法门。要让员工投入，你必须打造一个系统，让每个人“知道”并“做到”公司想要提供给顾客的品牌体验。

无论你当初为何创业，最终你希望公司变成赚钱机器，而不是吃钱怪兽。想要改变这一切，方法很简单，只要你完全掌握现金流向，并且记得先把利润留下来。即使只有一点点钱，长期下来便能看到累积的财富。

好领导十大铁则

成就团队必须知道的不变真理

The Truth About Leadership

The No-Fads，Heart-of-the-Matter

Facts You Need to Know

原著作者简介

詹姆斯·库泽斯(James Kouzes)，圣塔克拉拉大学领导学教授，统御学学者，授课对象包括全球企业、非营利机构与政府组织。库泽斯毕业于密歇根州立大学，1988 至 1999 年担任汤姆彼德斯公司总裁、CEO 与董事长。与巴里·波斯纳合著超过 12 本领导学方面的书，包括《领导力》、《领导者的典范传承》、《诚信》等。

巴里·波斯纳(Barry Posner)，圣塔克拉拉大学领导学教授，曾担任 12 年商学院院长以及数所大学的访问教授。波斯纳毕业于加州大学圣塔芭芭拉分校、俄亥俄州立大学与马萨诸塞大学，定期担任数家公立与私人组织顾问。除与库泽斯合著书外，还发表过超过百篇研究与期刊文章。

本文编译：许恬宁

主要内容

主题看板

好领导十大铁则

超过百万个领导力个案揭露铁一般的事实：无论时代怎么变化，过去、现在，甚至未来的卓越领导者，就是依循这10条不变的统御真理，带领团队改变世界，成就伟大事业！

库泽斯与波斯纳是全美公认的最佳领导统御专家，曾获国际管理委员会评出的威尔伯·麦克菲勒奖。他们1987年合著的《领导力》已在全球销售近200万册，被翻译成多种语言。

在历经30多年的研究、累积超过百万个领导力评估个案后，他们发现，关于领导者的故事虽然变化多端，领导力的内涵却始终摆不脱几个要点，面对这些历久弥新的领导统御真理，他们得出卓越领导者必须面对、也必须做到的10条重要铁则：

1 领导者要相信自己
2 信誉是领导的基础
3 为共同价值观而战
4 领导者须放眼未来
5 领导者要重视团队合作
6 信任是众志成城的凝聚力
7 挑战是卓越领导者必经的考验
8 言行要一致
9 做一个终身学习者
10 带人就是要带心

一　领导者要相信自己

你必须相信自己能给身边的人带来正面影响，才能成为优秀的领导者。你必须相信自己，相信自己能让大家的人生有所不同。

关键思维

身为领导者的一切作为都以一个大胆的假设为基础，那就是假设自己很重要。在领导别人之前，你必须先能领导自己，相信自己能对他人产生正面影响。你必须相信自己的话能够鼓舞他人，自己的行动能够感动他人。你必须相信自己的所作所为拥有某种意义。如果你不相信，你甚至连试都不会去试。领导会从自身开始。不变的真理是，你可以让世界有所不同。

——詹姆斯·库泽斯　巴里·波斯纳

传统上认为，唯有在组织的顶端才有领导力可言，而且只保留给拥有魅力与权威的人。但真相并非如此。事实上，许多人身上都有领导力。只要拥有热情，只要想带来有用、具有建设性的改变，人人都能领导。

领导力不会跟随头衔自动产生。领导力不需要权力、绝对的权威、名声、财富，甚至是魅力。领导力就在身边——你会在自己的上司身上发现领导力。同样，你的下属也会在你身上认识什么是领导力。

领导力并非由上而下产生，而是当你帮助身边的人，让直接和你一起工作的人更具生产力时，领导力就产生了。对于每天直接向你报告的人，你的影响力远比公司的 CEO 大。

身为领导者，你必须做什么才能让事情有所不同？

◎ 以身作则，示范如何帮自己的组织创造价值。

◎ 激发共同愿景，让大家达成共识完成任务。

◎ 质疑无效的程序，找出务实的改善方法。

◎ 授权他人依据自己最好的判断去行动。

◎ 鼓舞人心。

即使你目前没有位居管理要职，也依旧可以负起个人责任，着手解决某个重大问题，发挥自身的领导力。当领导者采取行动，其他人选择跟从时，事情便会有所不同。人们会留意召唤向前迈进，让自己有机会为世界带来不同。这就是领导者必须做的事。

关键思维

领导者所做的每件事都从一个字开始：好。在你说“好”之前，不会发生其他事。领导者从相信自己开始，相信自己能为世界带来正面改变。

——詹姆斯·库泽斯　巴里·波斯纳

二　信誉是领导的基础

如果人们不相信你，不相信你想实现的目标，他们就不会追随你。要成为众人热切追随的伟大领导者，你必须靠信誉赢得人们的支持。

关键思维

不变的真理是，信誉是领导的基础。我们研究了 30 年，问遍世界各地的人们，他们希望领导者拥有什么样的特质，他们欣赏领导者哪一点，以及他们会自愿跟随什么样的人，每次我们都会得到这个结论。

——詹姆斯·库泽斯　巴里·波斯纳

领导关系应该被视为“想要领导的人”与“选择跟随的人”之间的关系。这个关系的双方都必须存在而且发挥作用才会出现真正的领导。领导策略、领导技巧、领导方法都不过是装点门面的东西。

要成为有效的领导者，你必须拥有信誉，而信誉来自说到做到。

一项历经 30 年的调查，访问了数十万人，问他们期待自己追随的人拥有什么样的特质，什么样的人会让他们钦佩，结果以下 4 项特质得到超过 60％的票数：

◎ 诚实。人们欣赏实话实说、拥有明确人生准则的人。除非人们相信你的品性与人格，否则他们不会愿意和你来往。值得注意的是，任何人，不论国籍、文化、种族、职位、年龄如何，都在乎这项特质。诚实几乎受到全世界的推崇。

◎ 具有前瞻性。人们不一定希望自己的领导者拥有远大的愿景，但他们希望领导者清楚知道方向在哪里，而且关心组织的未来。如果你能将自己想象的未来与人们的希望、梦想与抱负相联系，他们自然会追随你。如果人们不想要你所展望的未来，他们就不会追随你。

◎ 鼓舞人心的特质。每个人都喜欢精力充沛与充满希望的领导者，那会让团队里的人着眼于更远大的目标，更加全身心投入，更加努力。你要让别人感受到你的热情，以及明天会比今天更好的信念，这样人们就会自愿加入你的团队。

◎ 胜任能力。优秀领导者拥有把事情做好的能力。当然，人们必须切实感受到你知道自己在说什么，并希望你会将做出的承诺贯彻到底。胜任能力也代表你乐于承认无知，对于自己还不了解的事物，仍抱持不断学习的态度。

值得注意的是，虽然过去的 30 年里世界经济形势一直在剧烈变化，但这 4 项优秀领导者的特质却一直没变。身为领导者，如果你立志完成伟大事业，信誉至关重要。

信誉自古以来一直都是领导者的根基。你可以用各种方式定义信誉，不过，所有的定义最后都指向一个简单的道理——想要拥有信誉，就要言而有信，其他一切也就会水到渠成。

关键思维

要怎么做，人们才会相信你？简单来讲就是建立信誉。我们已经说过很多次了，但还是必须再说一次：如果人们不相信你，他们就不会心甘情愿地追随你。

——詹姆斯·库泽斯　巴里·波斯纳

三　为共同价值观而战

人们开始追随你之前，会想知道你主张什么，相信什么。优秀领导者知道其他人重视什么，因此能让个人的价值观与组织的要求相互配合。

对你来说不重要的事或是不符合你个人价值观的事，你将无法全心投入。同样，除非人们已经知道你的出发点与你的主张，不然他们不会全心追随你。他们必须了解你的出发点。

价值观代表你的核心理念，会影响你的人生与职业生涯的每个层面。价值观能够提供给你方向与清楚的感觉。

人们越清楚你的个人主张，以及组织的主张，他们投注的心力就会越多。

如果你想成为领导者，一定要清楚表达自己

的价值观。

如果你还没有花时间阐释自己的价值观，你可以参考以下流程：

1. 问自己：我的人生信念是什么？然后倾听内心声音告诉你什么最重要。
2. 接着找出真正让你开心的事，列出一张清单，写下对你来说重要的事。
3. 缩减你的清单，找出5项你最重视的价值观。
4. 接下来，列出你现在就能做，并且符合那些价值观的事。

当然，清楚说明你主张什么信念会给你带来帮助，不过，那只是第一步。记住，你正在试图成为一个领导者，而不是独裁者。你要做的不是下令要别人遵从你的个人观点，而是要打造一个团结的整体，让人们为了共同价值观而努力。领导者的工作，是让自己希望带领的人与那些价值观产生共鸣。

有一种常见的领导价值观：领导者主要就是对追随者发号施令。这是一种致命的误解。伟大领导者花在聆听上的时间比发布命令的时间要多。

如果你想成为伟大的领导者，你必须让人们对你的价值观产生共识。你必须打造一个认同那些价值观、并且想要对其加以实现的团体。那才是伟大领导者的真正标志。

不变的真理是，人们会为了价值观而战。唯有你的价值观与组织重视的事完美结合，你才有办法投身于组织及其他事业。也就是说，要成为好的领导者，你必须知道你是谁、你关心什么。你需要一套能引导决定与行动的价值观。可靠的领导者不会只关注自己的抱负，更会聆听他人的需求与期望。领导关系是一种人际关系，而人际关系建立在双向的理解上。

有效率的领导者了解自己的角色意义——让追随者得到答案。他们非常清楚明确地让人知道，他们希望看到下属的贡献，他们希望人们提出挑战，并且相互合作。他们不会仗着权势操控，而是推动整个决策过程。

关键思维

真正的领导力来自人们的内心，而非外在的部署。小至家庭、大至国家，真正的领导者都会致力于解放内心，包括自己的心与他人的心，如此一来，这股力量便可以解放整个世界。

——帕克·巴默尔

四　领导者须放眼未来

优秀的领导者会发挥想象，然后说出一个充满可能性又令人兴奋的未来。所有伟大领导者都有这个决定性的能力。要让人们追随你，你必须放眼未来，描绘出吸引人的未来。

领导者会选择梦想，让梦想成真。不论是比喻还是实质上来说，他们是组织的守护者。要善于领导，就必须放眼未来，集合身边的每个人，一起朝着目标迈进。

简单来说，要成为优秀的领导者，你必须放眼未来。你必须想象着给每个人更美好的未来，然后运用现有资源，规划出抵达目标的路线。领导者会被未来的可能性鼓舞。身为领导者，你的工作就是拓展人们的视野，鼓舞他们的士气，激励他们朝更加美好的未来迈进。

向前看要采取3项不同的行动：

（1）从回顾过去经历开始，看看能得出什么心得。如果想放眼未来，你就要回顾自己的过去，找出重复出现的议题或自己擅长的领域，从过去有用的地方开始。此外，回顾过去也能让你进一步了解自己已经走了多远。

（2）然后想象目前所有的可能性。你能够利用目前已经拥有的资产与资源做些什么。审视目前所有的可能性，依据可行有用的基础，替未来想出几个点子。

（3）再接下来，你可以盘算未来可能出现的机会，找出正在发生的特殊事情。优秀领导者必然是现实主义者，但同时也是乐观人士。培养你的第六感，预测事情在未来可能的发展，替你的组织想象一个光明、成功的未来。

这里的重点是，领导者之所以不同，在于他们放眼未来，并且动员所有人让理想的未来发生。要当个优秀的领导者，你必须知道自己正朝哪里走，还要拥有明确的方向感。你必须往前看，但也要留意过去发生的事情。要当个活力四射的领导者，你就必须专注于未来令人兴奋的可能性。

你必须多花点时间在未来上，才能培养设想未来的能力。这句话的意思是，你要多花时间思考未来，多花时间阅读关于未来的文章，多花时间和别人讨论未来。这不是个简单的作业，但绝对必要。悲观者做不到这样的事。对于尚未发生的事，你必须保持乐观并充满希望。你必须真心相信未来会更好，相信大家会一起抵达。

关键思维

领导者只有两种工具：他们说的话与他们做

的事。他们说的话可能很有趣，但他们做的事才是关键。

——艾伦·多伊奇曼

五　领导者要重视团队合作

领导行为是团队合作的过程。除非你让别人热血沸腾地展开行动，否则你不能实现任何伟大的目标。要兼顾别人的利益，而不是只考虑自己。

打造优秀团队领导者的 4 大关键：

(1) 营造个人关系。你在完成任何伟大事业之前，必须和人们建立情感上的联系。即使你是商学院班上高分毕业的学生，能够轻易超越最聪明的同事，但是如果你缺乏必要的社交能力，没有办法和团队中的所有人交心，你依旧缺乏领导能力。要成为优秀领导者，就必须增进自己与他人合作的能力，和团队里的每个人一起努力。

(2) 倾听人们说的话。传统思路是，你必须非常具有魅力，振奋人心，侃侃而谈，才能成为强大的领导者。那不是真的。与其一直喋喋不休，不如做更重要的事：了解听众的观点，察觉他们的需求。

优秀领导者永远和团队里的人不分彼此，而且能够从他们的角度看事情。这是实现你的目标最好且唯一的办法。你和你希望领导的人之间，需求必须一致，这样才能产生共鸣。

（3）有能力让所有人为一个愿景团结起来。因为有意义、有目的的感觉是最强大的动机。历史上人们为追求远大目标，甘愿抛头颅、洒热血的例子有很多。人们的内心深处有着强烈的渴望，他们想要成为团队的一员，他们想让事情不同，想要成就不朽功业。要成为伟大的领导者，你就必须动员与团结人们，让他们一起为了一个引起他们共鸣的共同目标而努力。

（4）让每个人认为自己强大又有力。你必须帮助人们实现个人成长，让每个人相信自己的潜能，这样你才能胜出，从而成为领导者。优秀领导者不会试着提供所有的答案，而是探究问题，让追随者踏上自我发现之旅。如果你能提出好问题，就会让人知道你相信团队里每个人的能力与潜能。此外，你要让他人成长，负起责任，而不是事事都要依赖你想出的答案。

不变的真理是，你无法独力完成使命。光有领导者是不会成就任何伟大事物的。领导是共同的责任。你需要其他人，其他人也需要你，你们都在一条船上。模范领导者必须能够感知他人的需求，大家才能万众一心，朝共同目标前进。模范领导者会提出问题，仔细聆听，并提供协助。他们会让所有人为了共同目标而努力，让人觉得一切都有可能。他们能照顾到人们的需求，让人们掌握自己的人生。他们会让原本就做得很好的人，变得更优秀。

关键思维

不论一个领导者有多能干，如果没有众人的努力，以及团队协作，单凭领导者一人，无法实现伟大的计划或方案。

——潘鉴标

六　信任是众志成城的凝聚力

信任是让所有团体与组织团结在一起的社会凝聚力。你拥有越多信任，就有越大的影响力，也越有机会发挥领导能力。

没有信任，你就无法领导。信任不只使人遵从命令，而且使人想办法做到最好。如果你能建立信任，你就会自动增强自己身为领导者的影响力与效率，并且带来无穷的动力。

你必须赢得信任，人们不会因为你位居领导者之位就主动信任你。你必须让人清楚看到你值得信任。此外，信任别人也会带动别人相信你。

你可以采取下列 4 项行动，让别人更容易也更加相信你：

（1）你的行为要有可预见性而且要前后一致。如此一来，别人才有信心依赖你。你要想尽办法让人们能够预测你。你在私底下的行为、你所说的话、你在公众场合所做的事，通通要人前人后一致，只有这样，才能让人们对你的信任与日俱增。

（2）沟通清楚。简明扼要地说明你的意图，然后贯彻执行，让对的事发生。人们有多信任你，就要看他们多相信你说的话。如果你说一件事，然后做出完全不一样的事，他们会觉得你不值得信任、不可靠。沟通清楚可以减少误会。

（3）认真看待你做出的所有承诺。如此一来，其他人也会效仿你。如果你看轻承诺，也没有严格遵守，这个就是你不能被信任的强烈信号。人们将难以分辨你的愿望与你认真投入的事，而这不会带来帮助。

（4）始终保持直接与坦率。不论做什么事，都要说出你真正的意思，给予清楚的指示。最重要的是避免任何不诚实的手段，就算只有一点点不诚实也不行。一旦你的言行开始不一致，信任就会消失，人们会开始怀疑你所做的每件事。

实际上，建立信任最好的方式是确认每个人都能以他们能了解与利用的方式，及时得到他们需要的所有信息。人们处于信息真空状态时，不会产生信任。要能建立与维持长久的信任，你就必须沟通，再沟通，然后准备好做更多的沟通。如果你选择性地分享信息，最后只会得到不信任与猜疑。永远要及时、切题地把话说清楚，这样人们才会信任你。敞开心胸是信任的重要驱动力，因为那会让人们知道自己在消息圈里，而且得到所有的信息。学习让“开诚布公”成为你的优势。

信任决定一切。信任会决定你的个人信誉，信任会决定你完成事情的能力。信任会决定团队的团结程度。信任会决定你的组织的创新与绩效。信任会决定你的品牌形象。简言之，信任会决定你所做的每件事。

关键思维

如果你要领导他人，你和他人的关系必须符合人们的期待，你必须是人们可以信任的人。如果人们愿意追随你，那是因为他们相信你值得信任。想在行为上取信于人，你必须说到做到。也就是说，你必须清清楚楚地展现自己的信念，每天贯彻执行。

——詹姆斯·库泽斯　巴里·波斯纳

七　挑战是卓越领导者必经的考验

令人难忘的领导者会不断改变现状。保持现状不会带来伟大成就。挑战是对人格特质的考验，可以展现你的承诺、价值理念以及耐力。

所有伟大成就都发生在逆境、困难与挑战中。我们最景仰的领导者在不确定的年代展现了韧性与勇气。

你也要做类似的事：

（1）拥抱前方所有挑战。把挑战视为测试你有多想完成一件事的石蕊试纸。历史上很多伟大的领导者们曾面对过世界大战、经济衰退与自然灾害。你的团队目前面对的挑战潜藏着使人成长的机会，你要抓住那样的机会，在别人只看到砖墙的时候，找出办法开启大门。

（2）不屈不挠。控制你能控制的，把握自己正在前进的方向，而不是担忧更糟糕的外在因素。遇到令人气馁的挑战时，伟大领导者会迎战，并且坚持不懈地朝目标努力迈进。这恰恰也是你必须做的事。你要忍耐，以正面的心态面对逆境与挑战，而不是驻留在途中。你要专注，拿出胆识。

（3）学习如何越挫越勇，从最初的失败中学到教训。你在解决棘手问题时，很难第一次就成功。在找出赢得整体战争的方法时，要做好输掉最初几场战役的心理准备。试着做大胆创新的事情时，错误就可能会发生；你在挑战极限时，失败也可能会现身。这样想吧，每个人从失败中学到的东西，远比成功多。接受他人的意见，找出下次怎么做会更好，这样可以展现出你的勇气与决心，让自己取得更大进步。

如果你想要鼓舞人们追随你，你必须越挫越勇。你要坚持下去，直到找出成功的办法。言行要一致，坚持做你正在做的事，直到获胜。你要展现卓越的胆识，面对挑战时要意志坚定，你会发现人们将无法阻止自己跟随你。每个人都喜欢成为伟大事业的一分子，他们想要实现远大的目标。

不变的真理是，挑战是卓越领导者必经的考验。领导力研究的是领导者如何带领人们走过不确定性、困苦、瓦解、转折、过渡、新开始，以及其他重大挑战，等等。此外，领导力也研究领导者如何在稳定与自满的时刻，主动挑战现状，意识到新的可能性并追求契机。

发挥领导力不是打如意算盘，而是下定决心行动。你不会缺少麻烦，更不会缺少机会。它们会出现在工作场合、家庭、我们的国家，以及全世界每个角落中。总是会有要解决的问题。领导者不是告诉别人他们应该解决这些问题，而是看清问题的本质，想办法自己解决。

此外，领导者还要对自己采取的行动负起责任。下次当你看到问题时，与其说“为什么没有人来处理一下”，不如看一下镜子，改说“我会想办法处理这件事”。如果领导者相信自己有义务做些什么带来改变，再加上其他人的积极参与，众人就可以共同进步。

关键思维

挡在我们面前的是伪装成无解难题的惊人契机。

——约翰·加纳

八　言行要一致

事情就是这样，领导者必须践行自己的价值观，以及身体力行建议别人去做的事情。如果是你自己都不愿意做的事，你无法说服任何人去做。承认你的错误，继续前进。

在你能有效领导之前，人们想要看到言行一致的领导者。

以下 5 件事可以帮助你增强领导能力：

（1）领导者永远身先士卒。他们会亲自示范必须做出的改变，并且让人看到那样做的好处。优秀领导者永远不会要求追随者做任何他们不愿意做的事。他们的心态是“跟着我做”，而不是“我说什么你做什么”。

（2）领导者之所以可信，是因为他们永远遵守自己的承诺。如果你承诺一件事，然后真的说到做到，那会给组织里的其他人带来巨大的影响。

（3）领导者要勇于承认错误并担负起责任。强大的领导者做错的时候，会承认自己有错。他们愿意承认错误。承认错误，有必要的话道歉，然后继续前进，奋发向上，这是适用于领导者的理想方式。

（4）优秀领导者会身体力行。他们不只会告诉大家该做些什么，还会站到前面，示范他们希望别人怎么做、怎么思考，以及最终如何感受。

（5）领导者会为人表率，示范他们想让每个人达成的成就。他们会参与实践计划，示范给所有人看。

把你告诉别人应做的事亲自做到时自然会产生信誉。这个世界有数不清的引人注目的领导者，当他们的不良行为被公之于世时，他们就会现出原形并且遭到驱逐。因此，言行要一致，你的话听起来才像真话。

当个有信誉的人，很重要的一点就是信守承诺。如果你说你会做一件事，然后真的去做，那会对人们造成很大的影响。想想小学校长罗伯特·卡拉莫遵守承诺的例子。他告诉孩子，如果他们在秋天读完5000本书，他会在学校屋顶搭帐篷，周末他就睡在那里。家长跟孩子聊到这个点子时，孩子们很兴奋，也更有阅读的动力。

学期结束时，卡拉莫学校的学生阅读量超过了指定数目。他们达成了校长的目标，而校长也信守承诺，在屋顶上扎营。一位八年级学生说："我好高兴他信守了承诺。"她睁大眼睛看着上方的校长，校长待在屋顶上，身边是帐篷、草皮躺椅，以及几本他喜欢的书。另一位学生的母亲说："他是这所学校有史以来最好的校长。"你想当组织有史以来最好的领导者吗？请言而有信。

九 做一个终身学习者

优秀领导者永远都在学习。实际上，你必须热衷于追求进步，愿意接纳各种做法，帮助组织朝未来迈进。多学才能多做。

领导能力不是一种天生注定有或没有的东西。它不是基因、特质，没有深植于你的DNA中。领导能力可以学习——那是一套做法与行为，以及一套可以学习并且改进的技巧与能力。不论你现在有多好，你能够而且也应该致力于在未来变得更好。

如果你想担任领导者：

◎ 你会每天迫不及待地抵达办公室开始工作。

◎ 你会全心全意地学习和自己的行业或产业相关的一切——你会变成热情积极的学习者。

◎ 你将热衷于让组织员工、团队成员与顾客的人生有所不同。

◎ 你将积极寻找新的挑战与可能性，因为那会提供成长的机会。

◎ 你有办法率先发现并赞美团队成员的成就。

◎ 你会拥有感染人心的热情——人们和你互动或和你一起完成任务时，他们的心情会好起来。

◎ 你拥有正面积极的心态，满怀明天会更美好的希望。那股正面的能量接着会吸引其他同样对未来抱持希望的人。正面心态永远会把人吸引过来，负面心态则会把人赶跑。

研究显示，最好的领导者也是最好的学习者。为什么？你拥有学习的热情，让自己沉浸于一个主题时，你就会愿意接受新体验，你就会实践、思考，分析发生了什么事以及背后的原因。所有相关活动都会帮助你成为更好的领导者。

以往，学习是一件很好但不一定要做的事。今天，领导者必须学习，因为世界正在快速剧烈地变化着。领导者如果认为自己已经不必学习，很快就会落后于其他抱持更多学习热情的领导者。要当一个能跟得上时代的有效领导者，就必须不断学习，找出消除自己弱点的方法，并在其他方面加速个人成长。学习是一定要的，应该每天都抽出一点时间进行学习。

不变的真理是，最好的领导者是最好的学习者。你可以培养自己成为领导者，但这需要不间断地投资自我。这需要时间，需要刻意练习，需要你设定改善目标，需要你广纳意见，在自己的优缺点上下功夫，还需要他人的支持。

关键思维

就算你拥有头衔，也不代表你就能高枕无忧，不去培养自己身为领导者的能力。如果你希望现在能够领导别人，以后也一直是领导者，你就必须不断教育自己。

——顾怡梅

在高度发达的信息时代，能让你与众不同的不是你知道什么，而是你如何学习，因为你今天知道的东西，过时的速度会比你想象的还要快。

——托马斯·弗里曼

十　带人就是要带心

要当领导者，你就必须爱你的团队成员、你的顾客，以及你正在着手进行的事情。除非你热爱自己所做的事，否则你不会成为伟大的领导者。

不变的真理是，带人就是要带心。没有心，就没有正直与荣誉；没有心，就没有承诺与信念；没有心，就没有希望与信仰；没有心，就没有信任与支持；没有心，就没有坚持与勇气；没有心，就没有学习与冒险；没有心，就不会成就任何重要的事。讲白了，模范领导者能够在提升绩效上表现亮眼，就是因为他们极度关注人心。

虽然这听起来令人费解，但爱是优秀领导者的精髓。要当个出众的领导者，你必须从爱出发，为你所领导的人拿出勇气，朝着目标前进。优秀领导者会把其他人放在首位，积极找出办法满足他们的需求。

要成为优秀领导者，你必须热爱自己正在做的事，并且拥抱那件事之所以重要的理由。一言以蔽之，我们可以说，成功的领导者把心放在自己的事业上，并把事业放在自己的心上。

关键思维

身为领导者，我完成了一些自己最引以为傲的事。那些事之所以能够成真，都是因为我热爱我扮演的角色以及我的组织。

——亚当·卡森

我的第一个建议，是说“好”。尽你最大的努力说“好”。当然，说“好”可能带来错误，不要害怕犯错，因为你无法既年轻又有智慧。说“好”会带来全新的体验，而新体验会带来知识与智慧。说“好”适合年轻人。“好”的态度让你在不确定的时刻还能继续前进。

——迈克尔·霍根

你必须说“好”让事情开始。你必须对自己的信念说“好”，你必须对远大梦想说“好”，你必须对困难的挑战说“好”。你准备好对领导说“好”了吗？你准备好说“好”的时候，通往全新人生旅程的大门将会开启。你准备好说“好”的时候，人们会加入你的追寻之旅。你说“好”的时候，你会发现自己真正的领导力。

——詹姆斯·库泽斯　巴里·波斯纳

聪明老板都懂的好工作策略

让员工开心、顾客满意、股东投资
获利的上上之策

The Good Jobs Strategy

How the Smartest Companies Invest in
Employees to Lower Costs and Boost Profits

原著作者简介

珊妮普·汤恩(Zeynep Ton)，麻省理工学院客座副教授，讲授运营管理、供应链管理、服务作业、永久经营与运营策略等课程。先前任职哈佛商学院时，曾获“教学有方奖”。她的研究心得刊载于《大西洋月刊》、《纽约客》、《华盛顿邮报》等。毕业于宾夕法尼亚州立大学和哈佛商学院。

本文编译：乐为良

主要内容

主题看板

员工开心 + 顾客满意 = 投资获利

商界普遍认为，想要赚钱，就得尽量压低劳动成本，因此只能提供“烂工作”。现在有一些成功企业反其道而行。它们运用所谓的“好工作”策略——提供待遇高、福利好而且工时稳定的工作，最终开创了员工开心、顾客满意、投资获利的三赢局面。

人人渴望一份好工作，然而，什么样的工作才算得上是好工作？

2012 年，美国有 430 万左右的销售员每小时工资仅为 10.15 美元，330 万的收银员每小时工资仅为 9.13 美元，这些人不是中学打工的学生，他们的平均年龄是 38 岁。他们觉得工作对他们毫无价值，觉得自己可以随时被替代、被抛弃。还有一份研究指出，1/4（约 280 万）的美国就业人口无法以工作收入养活家庭，而其中30％的人拥有大学文凭。他们拥有的是一份“烂工作”。或许你会说，没办法，这是一个竞争的世界。而且传统企业认为，控制成本对于经营公司很重要，如果要给员工提供“好工作”，就会提高成本，降低获利，因此他们将员工的培训与福利视为非必要的支出。

1. 好工作策略＝一流的运营＋投资员工

麻省理工学院客座副教授珊妮普·汤恩根据十几年来研究观察到的数据与案例证实，提供好工作的企业，尽管花费较高的劳动成本，却能在运营上拥有出色的表现，其秘密武器就是让好工作策略发挥作用。

好工作策略的两个要素包括：一流的运营和投资员工。如果你能够把投资员工与经营巧妙地结合在一起，尽管公司的成本提高了，你的员工却会士气高昂，以聪明方式开展工作，那么公司在市场上就依然具有竞争力。你的公司最后不仅提供好工作给员工，同时也带给投资者丰厚的回报，提供给消费者更实惠的价格与优质的服务。

作者提出的不是空泛的理论，而是数家成功企业默默执行的做法，其中包括好市多、美国西南航空公司、优比速、丰田汽车等。

2. 好工作策略延续企业文化命脉

日本的星巴克咖啡从 2014 年 4 月 1 日起，将原有的 807 名临时员工全部以正式员工的身份雇用，并且大幅改善他们的待遇。这项举动震惊了日本及餐饮界，因为餐饮快餐业几乎都是靠临时雇员在支撑，以节省支出。但是日本的星巴克却反其道而行。

因为角田雄二社长认为，企业要传承的文化若因为正式员工太少而流失，将给企业造成损失。其中传达的信息，无非是员工必须对企业传承的价值观产生认同，企业才能持续生存。

好工作策略对企业来说是困难的课题。如果平均所得倒退 15 年，越来越多就业者就会对现状不满、对未来失望。面对企业创新及持续经营的挑战，企业领导若仍固守压低劳动成本、减少人力的做法，长期下来可能造成的负面结果恐怕不止财务报表上所呈现的数字。

员工渴望一份好工作，顾客要求满意的服务，股东想要漂亮的投资报酬率。如今在各行各业已有一些公司知道如何结合一流的运营方式，并且投资员工以创造三赢的局面，而且它们正在这么做。你当然也可以。

一　一流的运营

业务运作通常不是企业最光鲜亮丽的一面，但是要让好工作策略发挥作用，企业必须设计和管理业务运作方式，借此让员工更具生产力，降低成本，并让积极进取的人成为公司成功的核心。

就实际而言，必须有 4 种精心安排的运作方式：

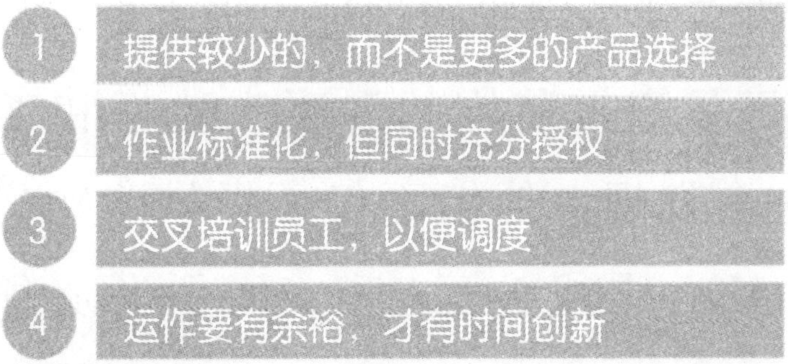

注意，这些运作方式相辅相成。它们是一整套措施，必须配合使用，而不是独立操作。

运作 1　提供较少的，而不是更多的产品选择

零售业常见的做法是设法提供更加多样化的产品，并做更多的促销活动。采取好工作策略的零售商却反其道而行。他们刻意提供较少产品，以便专心在他们提供的产品类别上做到绝对第一。虽然这听起来有违常理，但这么做却能让他们降低成本并且提高顾客满意度。

好市多就是完美的例证。当你走进好市多商店（店里是毫无装饰的混凝土地板和工业式照明），你会发现，他们不仅不提供购物袋，也不可以用 Visa 卡或 MasterCard——你必须付现或刷美国运通卡（编注：或联名卡）。你还会发现，好市多大部分的产品只卖 2 种，而不是 6 种或更多品牌。然而，好市多已拥有超过 300 万忠实顾客，他们热爱这家公司。

零售商往往有“越多越好”的心态。这听起

来好像有理，却也造成一些实际问题：

◎ 你的缺货情况会更严重，因为你难以预测哪些产品最后会卖得比较好。

◎ 由于你储备了几千种货物，库存管理变成一场噩梦。

◎ 你的库存持有成本上升，因为你难以预测特定产品的销售情况。

◎ 整条供应链的成本上升，因为各种产品售出的数量都不是很理想。

◎ 你提高作业的复杂性，从而降低了顾客服务的水准，这是始料未及的后果。

◎ 你最后可能会让顾客觉得混乱，而不是提供给他们更好的服务。

各项研究表明，消费者有了更多选择后，往往会变得无所适从，最后什么都不买。更令人担忧的是，当消费者有其他更多没买到的产品时，他们通常不太满意自己购买的东西。

缩小范围可以视为替顾客着想。你做研究，

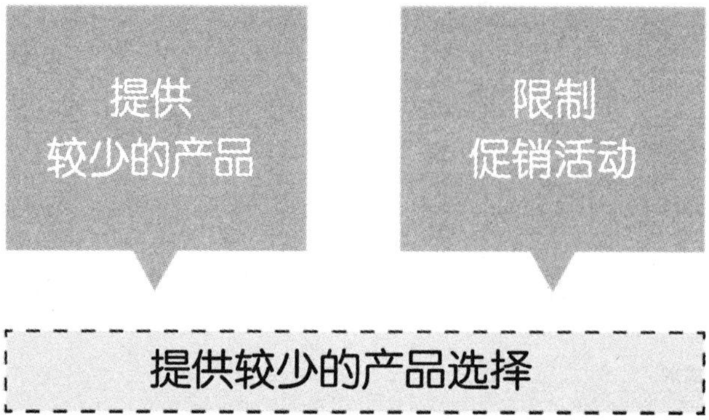

顾客因你的筛选而受益。如果你能结合较小但更集中的产品范围以及持续维持低价，就等于告诉顾客，他们不用急着冲进店内抢购特卖品，他们可以在需要时再来购买。

提供较少选择必须同时限制促销活动。现在，商家每天向消费者开展的推销活动五花八门：

◎ 特卖 7.5 折！

◎ 限时特价！

◎ 买三送一！

◎ 原价 29.88 美元，现在只要 14.99 美元！

虽然这些促销活动可能会刺激短期销售，但

也会让你的业务更加复杂，最后导致成本提高。增加的成本会扩散至整条供应链。例如，库存量必须调整，以应付预期增加的数量；收银员可能很难为相似但不一样的产品输入产品细节。诸如此类，不一而是。

事实是，你提供的促销活动越多，顾客就变得越迷茫。只要你严格挑选你提供的产品，而且拥有顾客真正想要的产品，你就会在销售上处于优势。

提供较少产品以及限制促销活动次数的主要优势包括：

◎ 你提高了运营效率与员工的生产力。

◎ 为顾客处理结账事宜变得更容易（因此也更便宜）。

◎ 员工了解顾客的要求，并且能提出更好的建议。

◎ 员工觉得工作更有保障，他们的工作仍大有未来。

关键思维

对企业而言，这代表着什么？这意味着它们大可以提供较少选择给顾客，却不会降低销售。选择变少甚至可以增加销售；如果选择有限，顾客可能更加满意他们买到的东西。但要注意一件事：如果你想提供较少选择以获得节省的好处，务必确保你提供的正是顾客想要的东西。提供较少选项迫使公司对它们提供的产品更加严格。

——珊妮普·汤恩

运作2　作业标准化，但同时充分授权

当你把作业标准化的效益与充分授权相结合，以便达成符合顾客需求或要求的改变，你就会得到一个高效、适应性强的商业模式。提供好工作的企业往往设法适度兼顾这两个模式。

不用怀疑，标准化确实有帮助。它可以降低成本并且确保顾客体验的一致性。如果你制定了人人都必须做到的标准，你的员工会致力于去做他们必须去做的事，而不是像无头苍蝇般乱转。

当你推行标准化时，你应该制定员工遵守的标准，并将该标准作为标准作业程序的一环。当每个员工都知道这些标准后，他们就可以互相帮助，达成预期目标——也就是好好服务顾客。一流企业推行制度化并且设立执行所有日常任务的标准。

但是标准化也有缺点。员工执行一连串的例行工作，由于不注重满足个别顾客，也会带来一些问题。死守一套做法往往会降低顾客的满意度。这时就是充分授权发挥作用的时候了。

充分授权与作业标准化可以说是相互对立的。你告诉获得授权的员工，他们可以以自己的最佳判断讨好顾客。获得授权的员工可以当场做出决定，无需获得主管的批准。授权员工这种做法在服务业能发挥很大作用，因为顾客的需求和偏好差异很大。

授权的问题是，你必须相信员工每次都会做出正确的决定。它还要求你支付高薪以吸引高素质的员工，而且你还要投资去培训他们。对有能力的员工多投资一点，听起来好像很有道理，但是当你在全世界有上千个店面，这么做就可能事关重大。

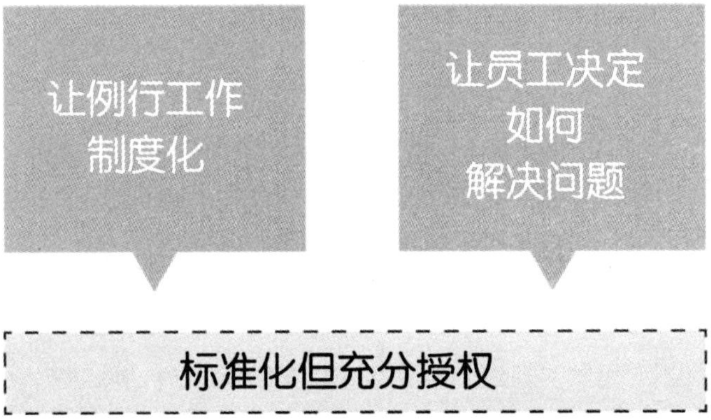

聪明企业同时兼顾标准化与充分授权的做法包括：

（1）厘清哪些任务确实该标准化——通常是要持续、高效率、安全地执行的例行作业。

（2）决定哪些任务最好授权员工去做——通常是有别于平常的事务，大多视具体情况或个别顾客和特别需求而定。

关键思维

问题不在于是否该标准化，或在特定环境下授权员工，而在于哪些工作要标准化，哪些工作可以放心授权员工去做。虽然在制定工作标准时，人们大多是在争论员工应该遵循标准化流程还是获得充分授权，但许多产业的一流公司往往兼采两者的优点。

——珊妮普·汤恩

的确，结合标准化与充分授权说起来容易，做起来可不容易。要做到这点并且切实发挥它的作用，你必须执行标准化但不能冒犯到员工的尊严；你还必须授权但不至于失去对产品品质的管控；同时要投资去培训员工，让他们可以达到要求。

设法做到适度兼顾的公司包括：

（1）优比速。载货司机虽然都有标准化的送货路线，但如果需要取悦顾客，他们可以自行调整路线。

（2）好市多。由员工组成的工作团队，有一套标准化的方法加快顾客结账速度；但是他们可以自由决定要补什么货，如何展示产品以及如何做些改变解决顾客的问题等。

（3）QuikTrip 便利店。在所有与顾客互动时该做些什么，早已明确标准化了，但员工可决定何时不依照标准。

在标准化与充分授权之间要做到恰如其分，这通常要求你：

◎ 一开始就要雇用适当的员工。你要有能力强和信心足的员工。你还必须持续在员工培训上进行投资。

◎ 监控员工的表现状况。使用人人理解的标准，并且一视同仁。

◎ 为良好表现提供奖励。激励员工持续地

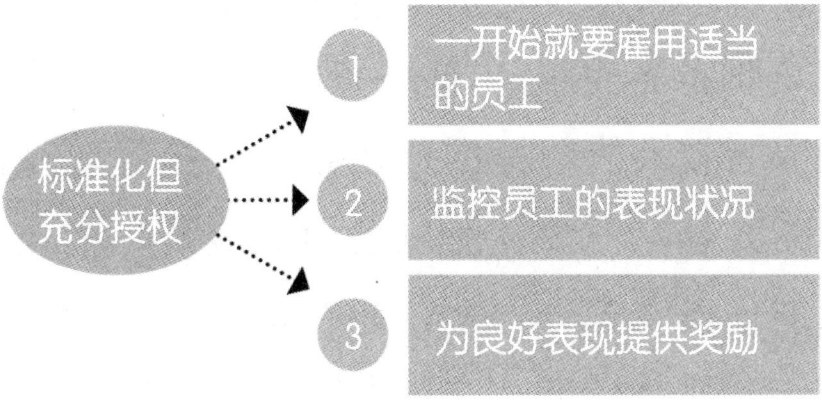

做出正确的决定。

关键思维

结合看似不可能配对的标准化和充分授权的美妙之处就在于这让企业更容易调整和改进流程。模范零售商店内获得授权的员工可以发掘一些更好的工作方法，并且拥有有效的机制分享他们的发现。公司则可选择在什么地方要严格，什么地方要放松，而不是设法替一切订立标准，或下放太多权限任凭个人自由决定。

——珊妮普·汤恩

模范零售商投资员工会比竞争对手提供更全面的培训。标准化在这方面起着举足轻重的作用，因为教人执行标准化比教人根据经验做出良好判断要容易得多。所以公司把应该标准化的工作标准化得越充分，就越能在员工接受初期培训期间传授那些标准。这对大家都有好处。

——珊妮普·汤恩

运作 3　交叉培训员工，以便调度

每家公司都疲于应付顾客需求的多样性——某些时候顾客较多，其他时间顾客较少。这种状况可能随机出现，或在意料之中。天气、当地习俗或一些其他因素等都可能造成这些状况，形成对业务运营的挑战。

一般而言，多数企业会使用一两种通则，设法跟上顾客需求的多样性：

◎ 要顺应顾客的需求，你可以提供非高峰时段优惠、提前预定折扣价或以其他优惠吸引顾客在一天或一周的不同时段进来。你也可以让顾

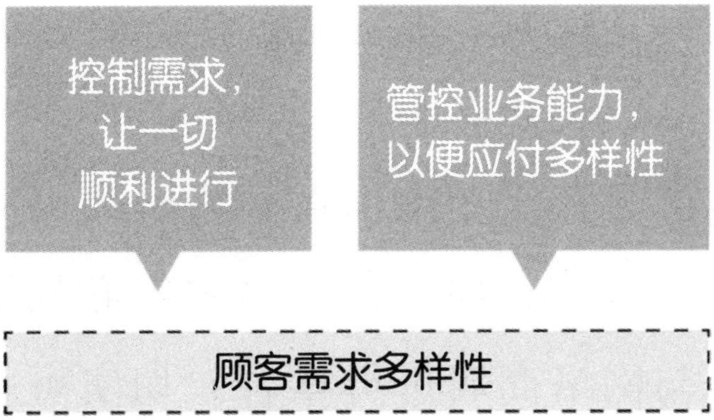

客自己动手去做一些事情。

◎ 另一种选择是管控人力，让员工可以在需求高时服务更多顾客，在需求低时做其他的事。

就实际情况而言，第二种方式要好得多。高明的企业交叉培训员工，让员工既可以从事办公室业务，也可视需要去做与顾客互动的工作。不是大幅增减员工人数，而是去改变员工工作的内容。

交叉培训的本质是当店内有许多顾客时，所有人都专心帮助顾客找到他们想要的东西，并且迅速有效地完成购买。当顾客不多时，员工回归到自己的日常任务，如订货、库存管理、从储藏室拿出货品以及货品上架等。

有趣的是，交叉培训在网络时代可以变得更普遍、更有价值。如今，许多零售商都忙着设法将实体店与网络商店进行整合。切实可行的做法可能是让实体店闲置人员协助处理网上顾客咨询。这些实体店店员非常有能力处理来自网站的任何咨询。

诚然，交叉培训并不意味着每位员工都要接受培训去做公司的每项工作——这会所费不赀且不切实际，交叉培训可灵活进行。例如，你可以培训面包店员工，不仅要做好首要任务，也要能烘烤、包装、协助食品上架，并视需要操作收银机。让员工在部门最需要时可以替换工作，做到这点好处多多。

交叉培训不只是对零售环境有必要。丰田汽车生产线分成好几个站，各站都必须在限定时间内完成一些任务。员工每隔 2 小时左右轮调到不同站工作以缓解单调感。让多位员工轮调到各站工作，不仅带给公司信心，也可以使员工了解他们的工作是如何融入工厂的整体作业的。

事实上，交叉培训对员工、雇主和投资者都有利：

◎ 受过交叉培训的员工，即使没有顾客上门，也有事情可做——从而提高劳动生产率。

◎ 公司在不增加人力的情况下，可以增加销售并提高服务水准。

◎ 受过交叉培训的人，可以在从事新奇有趣工作的团队工作。他们有机会做些改变现状的事，真正提高他们的工作士气。

◎ 受过交叉培训的员工工作更有保障，因为他们可以轻易融入企业的不同环节。

◎ 受过交叉培训的员工常常更忠心并更加喜欢自己的工作。这延长了他们愿意为企业工作的时间，也增强了他们的工作满意度。

◎ 受过交叉培训的员工在工作上更加灵活

和多样化。这样很好，而且也有实际上的好处。有研究显示，快乐的员工犯错误少，并且对做好工作会更感到自豪。这对公司有益。

◎ 交叉培训让公司日后有更多潜在员工可供选择。

◎ 如果你知道自己将投资新员工接受交叉培训，你自然会更加小心招募合适人选。在招募人才时，这点成为重要原因。

◎ 当你花了时间和精力并且承担费用对某个人进行交叉培训时，你等于告诉大家，员工是公司未来成功的核心。放出这种信号肯定不会错。

关键思维

多数零售商无法如此调度人力是因为他们在培训上投资不足。他们提供足够的培训让收银员操作收银机，但很少或根本不对清洁工开展培训，因此他们别无选择，只能让员工执行狭隘的任务，而人力闲置或工作无法完成的情况也会交替出现。

——珊妮普·汤恩

如果更多企业追求好工作策略，社会整体会明显受益。但是，造福社会只是锦上添花。公司、顾客和投资者都会因为好工作策略而受惠。在适当的情况下，它是让公司增加获利、更有生产力、更擅长创新的经营方式。身为商人、投资者、工会领导和成员、顾客、学者和员工，我们每个人都可以贡献一己之力来推广好工作策略。换来的是，公司可以通过给更多人创造好工作的方式来提高获利，同时也会促进自身的成长。

——珊妮普·汤恩

好工作策略是对员工做长期投资并期望领高薪、经过优质培训、奋发进取的员工会带来高于成本的回报，以使他们的价值超过花在他们身上的钱。

——珊妮普·汤恩

运作4　运作要有余裕，才有时间创新

虽然这个概念乍听起来违反常理，但要变得更有效率的最好方法之一就是在人员编制和整体运作上，增加一些余裕。换句话说，就是为企业运营配备过剩人力。

人力过剩怎么可能让运营更好？有几个好处会立即浮现：

◎ 当员工不慌不忙时，你的运营会较少出错。这从长远来看可以节省不少钱。

◎ 你的员工能进入高效工作模式，而不是一直处在被动的回应模式。

◎ 员工会有时间思考你能改进什么以减少浪费，并提出建议。

人力不足对公司造成的代价难以估算。有些固有成本很难以这种计算方式衡量，因此，人力不足造成的代价往往在每次计算成本/收益时都被低估。

聪明企业宁可人力过剩，也不愿意人力不

足。他们明白，人手不足的成本远超过人手过剩。此外，通过提供较少的产品选择，结合标准化与授权员工，再加上交叉培训员工，这些公司比大部分公司更有能力预测工作量。

当你拥有充足的员工时，给予他们思考新点子的时间。如果你结合授权，持续改进的机会就成为可能。一线员工在与顾客互动时形成的所有点子会浮出台面并且得到实践的机会。

关键思维

在某些情况下，人力不足的成本非常高，因为公司会雇用额外人员应急。例如，航空公司聘请储备飞行员，在待命期间可以随传随到。航空公司为避免取消航班对数百名乘客造成不便以及损害自己声誉所造成的损失，几乎不惜任何代价。我们也看到教育上的临时雇员如代课教师；在医疗保健上，有随传随到的技术人员、护士、医生；在戏剧和歌剧演出中有候补角色。

——珊妮普·汤恩

对只把员工当作减缩成本对象的公司而言，让员工参与持续改进的工作更加困难。当降低劳动成本是目标时，工作中人力过剩而非不足会被视为绝对不能容忍的浪费。当制度中一点点的余裕都被当成浪费，充分运用员工的定义是让他们竭尽所能尽快完成工作，谁还有时间做持续性的改进呢？

——珊妮普·汤恩

案例分享　Zara

允许员工有时间找出改进的方法以及授权员工提出建议都是有益的，但做到这点还不够。例如，如果你有种产品因为设计不当很难上架，让员工找到这个问题是很有用，但他们不能改正错误。这时必须有个流程，让员工彼此沟通他们发现了什么，好让供应商等做出改善。

在这件事情上处理得相当出色的公司是西班牙服装制造商 Zara。Zara 的店员每天与顾客交谈，他们亲自调研顾客想要买什么。该信息会被传达给部门经理，然后由他告知 Zara 的产品经理（每位产品经理负责约 40 家店面）。

如果多家店面提出相同的要求，Zara 会让供应商设计新产品，几个星期内便将新产品陈列在店内。这种反馈能力和灵活性可以从 Zara 近几年的营收飙升得到印证。

同样令人印象深刻的是，不仅新服装设计可以以此方式沟通，在其他方面，Zara 员工也可以提出建议，如：应该如何陈列产品，销售时该如何面对顾客，以及下一步要怎么做。有相当高比例的点子最后得到了执行。

运作要有余裕，在许多不同层面上确实有意义：

◎ 提供给员工好处，因为它让员工可以有平衡的生活，而不是成天忙到人仰马翻。它让员工有时间思考和提出建议。

◎ 顾客开心，因为他们得到更好的服务。不用大排长龙等待服务。

◎ 对老板也有好处。聘用人员时，老板不必因为紧急需要而草率决定。如果不用匆忙工作，员工的表现也会更好。此外，员工可以成为公司成功的核心，而不是事后诸葛亮。

关键思维

要让授权发挥作用，管理者必须相信一线员工会做出正确决定。员工要参与工作，也必须信任主管和公司。许多公司的员工认为，如果公司得知某些事能以更有效的方式执行，便会决定裁减员工。除非员工可以相信自己的工作和朋友的工作将受到保障，否则他们不会热心地提出改进建议。

——珊妮普・汤恩

二　投资员工

公司将运作方式整顿好之后，好工作策略的下一个要素就是投资员工。如果你采取好工作策略，你必须把你的劳动力当作你想强化的宝贵资产，而不是你必须严格管控的支出。

要让好工作策略发挥作用，你必须用 4 个不同的方法投资员工：

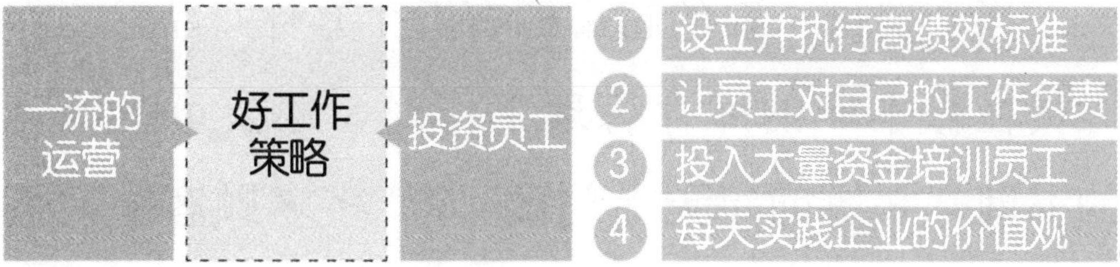

方法 1　设立并执行高绩效标准

一流的运营必然需要一流人才，持续做对的事。要让好工作策略发挥作用，每个公司都必须设定高绩效标准。一流人才会欢迎脱颖而出的挑战和机会。

高科技公司或产业运营复杂度较高的公司需要优秀人才，这个大家很容易理解，但即使在低成本的零售业，员工一样很重要。以超市工作人员为例，他们平均每天都必须在数个不同任务之间均衡分配时间：

◎ 点收和处理进货。

◎ 弄清楚哪些货品要下架，哪些要储存。

◎ 在展示架上摆满畅销货品。

◎ 从后方储藏室取货陈列。

当今美国一般的超市拥有近 4 万种产品，工作人员在做本职的库存管理工作时，还要负责顾客的咨询，并协助每天上门的 2500 多名顾客。说得再生动点，超市每星期有 200 至 400 种促销品，需要在短期内调整单价标签等。因此，美国超市员工在 2011 年每小时平均工资是 12.08 美元。

使用好工作策略的企业完全了解这些情况。它们的回应是设置聪明的运作方式，同时对员工有较高的工作期待。简言之，它们希望员工有好表现，它们的主管和同事也都在关注员工的表现。

方法 2　让员工对自己的工作负责

当你雇用一流人才，并对他们有着较高的期待，他们很自然会想做好工作。如果你接着追踪评量他们的表现，向他们问责，好事情就会发生。

当你有动机强、能力好、觉得要对自己造成的结果负责的员工，通常会导致两件事发生：

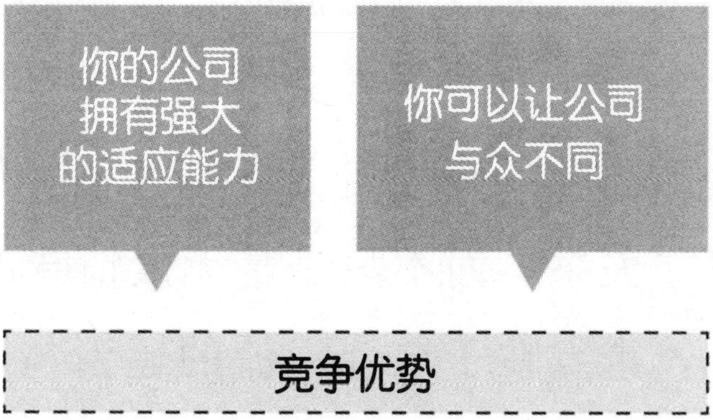

（1）你的公司拥有强大的适应能力——可以在产生新商机的商业环境中做出改变。优比速就

是个范例。优比速一开始在市区为零售商做整合派送起家。郊区购物中心的出现使得这项业务一蹶不振，优比速随即改变策略，提供包裹快递服务到美国本土 48 个州的任何地址。随后，优比速开设了自己的航空公司，建立了全球性的物流业务，并开始发展网上业务——这一切都归功于快乐而投入的员工。

（2）你可以让公司与众不同——拥有一流的运营并把员工放在成功核心位置的公司自然脱颖而出。顾客会继续回流，因为你很好相处。积极进取的员工会自觉地对他们的工作负起责任，会和顾客建立面对面的个人关系，让顾客持续回来光顾。员工甚至不知道自己做了什么，但顾客想要的是建立关系，而不只是毫无人情味的交易。

记住，重点在于结合一流的运营与优秀的员工。一流的运营有助于提供低价产品，而低价又常与“烂工作”联系在一起。但是当你有一流员工负责处理每笔交易，并且价格相对低廉时，你绝对会脱颖而出。

关键思维

好的服务要靠好的运作为基础，而好的运作以熟练和积极进取的员工为基础。如果你决定在人力上少花点钱，不仅会直接危及服务，也会间接影响运作。而这种间接降低品质所造成的危害程度，远超过你对服务业的认知。

——珊妮普·汤恩

无论是在顾客服务还是在产品品质上，一流绩效都需要有一流的运营。一流的运营需要一流的运作设计和一流的员工去执行。两者缺一不可。

——珊妮普·汤恩

像亚马逊这样的网络巨头，拥有相当惊人的经济规模，因此很难有企业与它进行竞争。亚马逊以集中管理的方式满足顾客需求，相较于实体书店，它库存较少且成本较低。

亚马逊的现金转换周期也很合理，甚至可以做到订货当天交货，但亚马逊有一件事做不到，那就是与顾客建立面对面的个人关系。这就是你可以崭露头角的地方。

再强调一次，要做到这件事只能靠你的一流员工，并且有一流的运营作为后盾。如果你一直缺货，或是让顾客等很久才上菜，或是厕所肮脏不堪，即使顾客有心与你交易，也会失去耐心。

同样，如果员工忙得不可开交、培训不足或缺乏做好工作的能力，即使态度再好的人也无法与其建立关系。

方法 3　投入大量资金培训员工

当一家公司人手不足时，通常会出现各种问题，包括：

（1）可能发生缺货假象。架上没有那种产品，但仓库里有，却没人有时间去把货品上架。或是该产品在仓库放错位置，没人找得到。

（2）推出的促销活动可能被错误执行，甚至根本没有执行。要将店内货品适当展示，一切东西放对位置，听起来容易，但如果你的员工忙得人仰马翻，就未必能如此执行。根据一些估计，零售店的促销活动约有50％根本没有落实执行。

（3）数据可能出错，导致库存信息不正确，却被当成补货的依据。数据误差可能意味着某些产品从未补货，即使架上一件也没有。

（4）可能出现耗损。员工或顾客盗窃或产品损坏等都会导致损失。

关键思维

模范零售商不只是为顾客提供快速、便捷的购物体验，他们还有触动顾客内心的能力。

——珊妮普·汤恩

我们习惯性地认为，如果一家公司价格最低，那么服务必然糟糕。但模范零售商有办法做到价格低且服务佳，他们取舍的东西完全有别于竞争对手。他们以低成本提供更高品质的产品，成就不亚于丰田汽车这种世界级的制造商。

——珊妮普·汤恩

如果一家公司奉行好工作策略，与顾客建立关系并不需要花公司很多钱。这是执行此策略的结果。但这笔最小的投资却可以产生巨大的回报，包括持续回流的忠实顾客产生的更多交易等。

——珊妮普·汤恩

对员工投资太少造成的恶性循环，看起来就像这样：

随着该循环的推进，问题不断恶化，一旦支撑的资金用完，到最后就只能结束运营。

当你投资于培训员工，你设下的是个不同的良性循环：

当良性循环开始，它会自我强化。当销售和利润都提高后，你便有能力雇用更多更好的员工

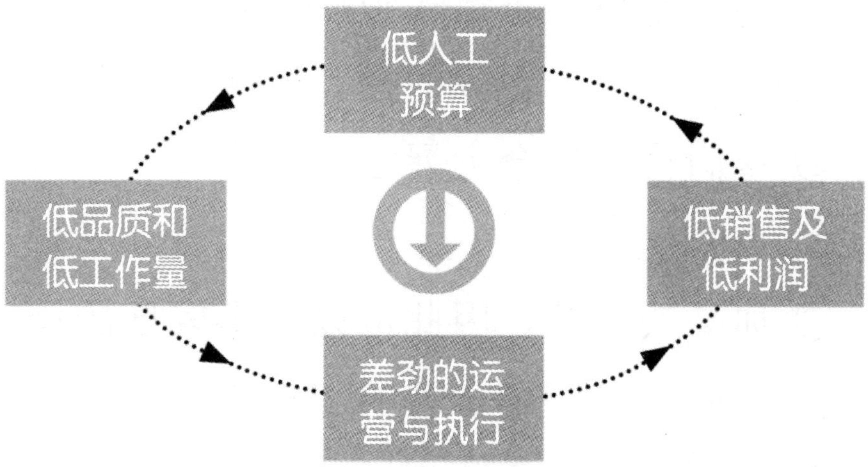

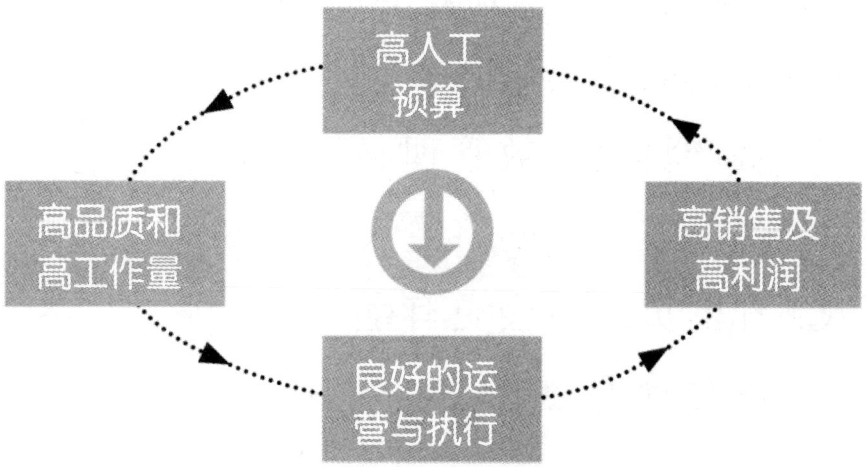

再次进行良性循环。你对员工投资得越多，公司越可能实现和享有一流运营。

员工一定会很开心，因为：

◎ 他们将学会如何提供更多价值。

◎ 更多价值带来更多报酬。

◎ 他们会得到更好的福利和奖金。

◎ 他们将有机会大展宏图。

顾客也将受益：

◎ 你高效运营，因此可以提供较低的价格。

◎ 他们将享受到卓越的客服。

◎ 他们乐于与态度积极的员工交易。

投资者也将获得划算的回报：

◎ 你的营收会增长。

◎ 资产将被有效管理。

◎ 你的零售空间将更大。

◎ 你的员工也会更有生产力。

◎ 库存管理会更好。

关键思维

投资员工让模范零售商提供更好的价值给顾客和投资者。拥有忠诚和投入的工作团队，其优势十分明显。他们会更加努力工作并且做得更好。你的员工流动率较低，员工更有经验，也就更少出错。

——珊妮普·汤恩

好工作策略是困难，但是做得到，有利可图，而且非常值得去做。

——珊妮普·汤恩

方法 4　每天实践企业的价值观

好工作策略有个非常与众不同的特点——它同时对员工、顾客和投资者有利。当你的员工士气高昂，以聪明的方式进行运作，你的公司最后不仅提供好工作给员工，也带给投资者高回报，而且同时提供低价格产品给消费者。但是这有一个前提，需要你把投资员工与经营巧妙地结合在一起。

然而，好工作策略确实不容易做到。实际执行时很艰难，同时往往事与愿违，尤其是上市公司。这时就要靠价值观发挥作用。

审视目前奉行好工作策略的公司，它们显然

拥有 3 个共同的价值观：

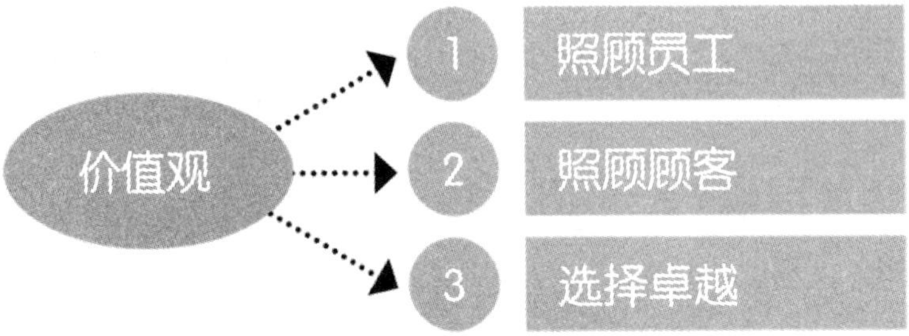

◎ 采取好工作策略的公司视自己的人力为最宝贵的资产。其中许多公司都有“不裁员”的心态和做法。

◎ 采取好工作策略的公司会很好地照顾顾客。它们有认真工作的员工，尽心服务好顾客。

◎ 奉行好工作策略的公司经常选择卓越，而非平庸。它们善待员工的事实也同样会扩及其他的业务领域。

关键思维

在华尔街，人们的工作就是从现在到下周四前要赚到钱。我并没有任何挖苦的意思，但我们显然不能苟同这种观点。我们想建立的是一家从现在到 50 和 60 年后还屹立不倒的公司。

——吉姆·塞内格尔

好市多每年挖空心思对顾客更好。当其他公司设法省钱时，好市多却把省钱变成获利。好市多的 CEO 塞内格尔把省下的钱转给顾客。这几乎成了公司的信条。他牺牲短期的获利，追求长期的成功。

——查理·芒格

案例分享　美国西南航空

美国西南航空就是企业实践其价值观的好例子。2001 年 9 月 11 日恐怖袭击事件后，航空旅行需求下降并且持续萎缩了很长一段时间。航空公司平均裁掉 16％的员工以减少损失。唯一例外的就是美国西南航空，它没有裁掉任何人。美国西南航空甚至在多数竞争对手提报巨额亏损时，仍设法在那年取得获利。

那么，美国西南航空对员工做了些什么？它

让员工想尽办法提高航班的准点率，并找出切合实际的方法削减成本。仅一季度，员工就拿出办法帮助公司降低了2.5%的经营成本。美国西南航空也借此机会打进新的区域市场，提高了市场占有率。这就是追求好工作策略能做到的事。

要求公司实践其价值观并不一定困难。实际上，你只要把顾客和员工放在股东之前就行了。

关键思维

我们从来不放无薪假。过去40年在多次事件中，如果我们放无薪假就可以赚更多的钱，但我们都没这么做。我们不认为这么做是对的。而且你知道，我们的守则之一就是不放无薪假。其实，起初我也没意识到这点，这对我来说就像突然间的领悟。你知道的，像是突然被人点醒，于是我要说："你知道的，在雇用员工时，不放无薪假真的是条好守则。"

——赫伯·克勒赫

好工作策略——结合运营及投资员工——让公司比竞争对手赚到更多钱，打造有尊严与尊重员工的工作，并为顾客提供低价而优良的服务。采用这种策略的公司并无与众不同的特质。在各行各业中，从零售业到汽车制造、航空公司、酒店和餐馆，这些公司已经知道在运营上需要做些什么可以让这个方法发挥作用，而且它们正在这么做。

——珊妮普·汤恩

让员工“活出品牌”来

建立百分百投入工作团队的 8 大原则

Engaged!

Outbchave Your Competition

to Create Customers for Life

原著作者简介

格雷格·莱德曼(Gregg Lederman)，专业演讲者与品牌诚信公司CEO。品牌诚信是一家软件与咨询公司，专精企业文化改造与顾客体验设计。莱德曼还拥有一家TG营销公司，从事面包、冰淇淋零售批发业务。他任教于美国罗彻斯特大学，教授MBA课程，同时也是《做到品牌诚信》一书作者。毕业于罗彻斯特大学与伊萨卡学院。

本文编译：许恬宁

主要内容

主题看板

让员工“活出品牌”来

全心投入的员工，才能带来死心塌地的顾客，这是建立顾客忠诚度与不断创造企业获利的不二法门。要让员工投入，你必须打造一个系统，让每个人“知道”并“做到”公司想要提供给顾客的品牌体验。

2013 年美国的一项研究指出，49％的 CEO 相信顾客会依据他们仅有的消费体验改变对品牌的印象。有趣的是，同一项调查中却有 89％的消费者表示，他们只凭几次体验就会改变心意。

而最令顾客反感的 3 大体验分别是：员工表现太粗鲁，员工处理问题太慢，以及员工不够专业。由此可见，员工的态度对顾客体验有极大影响。换言之，态度亲切、积极投入的员工才能赢得顾客的欢心。

然而，这对大多数企业来说并不容易。顾客在意的是他们的体验以及和你的员工、产品、服务互动的每个过程，这些体验会影响他们再度购买的意愿。员工在意的则是他们的工作环境、企业文化以及在公司的发展可能。因此，百分百认同企业核心价值观与文化的员工自然表现出积极投入的态度或行为。

格雷格·莱德曼素以“品牌诚信专家”闻名，多年来致力于品牌诚信的研究与推广。他拥有 15 年以上为知名企业打造诚信品牌的经验。他服务的公司有 60％入选“最优工作地点”，甚至名列《财富》杂志“百大最佳工作场所”排行榜。

他坚持尽可能地帮助更多员工全心投入、“活出品牌”，并将此视为他个人的使命，而且主张这是可以通过设计达成的任务。从清楚定义理想的品牌体验、量化工作成效及适时提醒和表扬方面，他归纳出 8 大原则，让员工知道公司的目标，接受公司的价值理念，提供给顾客绝佳体验，让品牌在竞争中胜出。

一 “活出品牌”系统4大原则

所有的企业都在系统里运作。要培养投入的员工，你必须创造一个系统，让每个人活出你的品牌。这件事不能局限于任何一个部门，而是整个公司都必须承担及运作。你一定要清楚定义你希望提供的品牌体验。如果你不能让每个人达成共识、一同努力提供相同体验，你将无法达成此事。你要给“活出品牌”下定义。

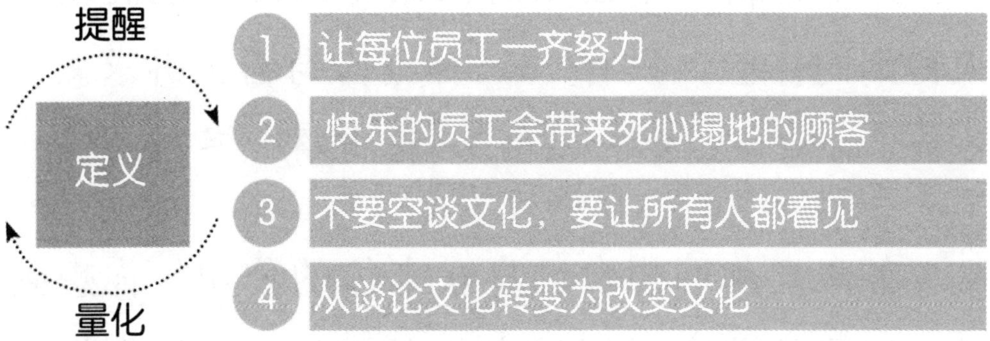

原则1　让每位员工一齐努力

无论你是否想过这件事，你的公司每天都会提供成千上万种体验。有些体验发生在内部——员工彼此互动，有些体验则发生在外部或是面对市场之时——即你与付费顾客之间的互动。了解这点之后，你大部分的时间应该用来思考："我们该如何管理我们创造的体验，并让这个体验一直很完美，也一直能带来获利？"

关键思维

人们评价一个公司的依据，90％是他们或别人得到的体验，只有10％是销售与营销诉求。

——格雷格·莱德曼

如果要你回想自己喜欢来往的公司，你想到的八成是那些表现超越竞争者的公司。他们提供给你的是一种在你眼中极为出色且令人难忘的品牌体验，而你每天必须提供给顾客的正是这种高品质的体验。

如果你能做到这点：

◎ 你将拥有对你的公司忠诚到不可思议的顾客。

◎ 你的顾客将买得更多并更常光顾。

◎ 你的顾客对于价格的敏感度将低于其他人。

◎ 你的顾客将更有可能告诉别人你提供的产品与服务。

哈佛商学院教授、现代管理学大师彼得·德鲁克 1986 年发表过一篇文章，他说所有成功的公司唯一的目标就是创造顾客。如果你把这个想法往下延伸一点，主张 21 世纪公司的目标是创造顾客，然后留下带来利润与死心塌地的顾客，你大概就走对路了。

所以要怎么做呢？这并不是高深的学问。

常识告诉我们，创造满意又死心塌地的顾客只有一种方式：

要创造满意并且对你的品牌死心塌地的顾客，你的员工必须认识到，他们一直站在舞台上制造顾客会喜欢的体验。如果你的员工能够充分投入，就能带给顾客同样的参与感。如果你想要有任何胜出的机会，你必须把这个信息传达给所有员工，并获得他们的认同。

关键思维

每周、每天、每个小时，公司的品牌体现在员工传递给顾客的体验中。因此他们每天不是在帮公司加分，就是在帮公司扣分。培养员工正确的心态，协助他们了解应该提供什么样的品牌体验才能超越竞争对手，就能让你的公司在竞争中胜出。

——格雷格·莱德曼

顾客不仅想要更好的体验，他们也愿意为此付更多钱。现在是让员工“投入”的最好时机，要让他们提供精心策划的顾客体验。

——格雷格·莱德曼

原则 2　快乐的员工会带来死心塌地的顾客

不快乐的员工无法创造死心塌地的顾客，事实就是如此。因此，要提供卓越的顾客体验，关键就是要创造员工可以拿出最佳表现的优秀环境。如果你能创造一个激励员工每天拿出顶级表现的工作环境，你就会成功。

实际上，多数公司的员工投入程度一般可分为 5 级（见下页表格）。

今天，经理人的挑战就在于推动员工达到第 5 级个人投入的程度，借此战胜竞争者。

调查一再显示，目前员工投入程度有一些令人困扰的事实：

◎ 约 65％的工作者认为自己属于第 1 级（完全不满意）或第 2 级（有点不满意）。这也就

程度	员工心态	顾客体验
1	我不开心，一点都不投入。	乱七八糟、没有方向而且差劲。
2	我在工作的时候多少都有点投入。	稍微好一些，但依旧不可靠、不吸引人。
3	我很投入，而且努力做一些改变。	偶尔会有让人惊艳的时刻，但通常令人沮丧。
4	我非常敬业，而且非常投入。	一直超乎水准，但还不到让人拍案叫绝的程度。
5	我极度投入，致力于成为带头创造者。	令人印象深刻的绝佳体验，让顾客既死心塌地又开心。

代表仅有 1/3 的员工投入或热爱自己的工作。

◎ 近 1/3 的员工表示自己缺乏做好工作所需的资源与信息。

◎ 充分投入的员工有 70％十分了解如何满足顾客需求。相比较之下，不投入的员工中仅 17％表示了解。

◎ 员工投入的团队，获利成长速度通常是员工不投入团队的 3 倍。此外，前者员工流动率还少了 87％。

这些事实充分说明建立一支快乐且投入的工作团队是多么巨大的挑战。幸运的是我们有办法推动这件事。要改善员工的投入程度，首先你要想办法让员工了解进步的意义，然后负起责任，移除挡住去路的障碍。如果你能每日持续不断地前进，努力打造一支投入的工作团队——通过建立团队内部的“活出品牌”系统——你不仅能营造更好的企业文化，同时也能提升顾客的参与度。

关键思维

快乐就是我们所想、所言、所做都和谐一致。

——圣雄甘地

如果你是经验丰富的管理者，你会知道，投入的员工在工作上明显更具生产力；此外，你也知道，投入的员工与顾客互动时，他们的行为能够让你的公司超越竞争者，提供产生忠诚度并且提升业务的体验。那么，你现在的工作团队有多投入呢？

——格雷格·莱德曼

原则 3　不要空谈文化，要让所有人都看见

关键思维

文化不是说说就会成真的事，要靠密切关注让体验成真的心态与行为。

——格雷格·莱德曼

建立一支投入的工作团队，其关键步骤是要有一套前后一致的方法，让你的任务、价值观、品牌定位及指导方针切实可行。这些要素都是无形的，要通过员工每天的行为才能把它们表现出来。

让企业文化显现的一般程序如下：

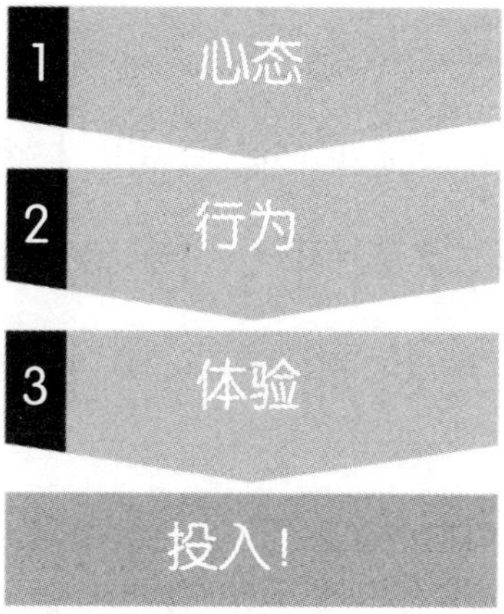

（1）心态。事情很简单，如果你不清楚定义公司的心态，员工就会使用自己的心态。要拥有投入的工作团队，你必须树立一个大家共同依循的心态。试着用一段简短的话阐述公司的心态，让每个人达成共识，朝着相同目标前进。有的公司在这件事上做得不错，例如沃尔玛的“帮人们省钱让他们过得更好”和苹果的“另类及正面思考能改变生活”。你也要用同样的方式，抓住员工的心灵与脑袋。

（2）行为。一旦树立了对的心态，接着你就可以开展行动，提高员工提供的体验的品质。如果你没有清楚定义你希望看到的行为，人们就会便宜行事。

要管理品牌，就必须管理工作团队的行为。

想要不断超越对手，就必须定义共同的心态，让每个人试着将那个心态用一致的方式转换为每日的行为。

(3) 体验。从顾客的角度来看，体验才是重点。体验会带动人们对公司的看法，不论是好是坏。

事实上，顾客对你公司的评价，90%来自他们的第一手经验，仅有10%是受到你的网站、营销诉求等影响。当热忱的员工向顾客提供精心策划的体验时，你就成功了。提供绝佳体验是现有的最佳营销方式。

关键思维

你的心态决定你的思考，你的思考又会对你的态度与行动造成深远影响。因此，在公司建立大家共有的心态才会造成强大的影响。每家公司都会面临这项艰巨任务，要么左右员工的思考，要么放任事情自由发展。我可以向你保证，任由它自由发展是不值得的冒险。

——格雷格·莱德曼

原则 4　从谈论文化转变为改变文化

改变企业文化一直是很困难的工作，因为人们必须改变他们的行为，而持续的行为改变更不是件容易的事。不过，如果你想培养出投入的员工，进而带来死心塌地的顾客，你无法回避这件事——你必须让企业文化变得更好。

关键思维

不管理行为，就无法管理品牌。所有员工都“知道”且“做到”企业明文规定的行为，是很幸运的一件事。

——格雷格·莱德曼

要让企业文化变得更好，最理想也最持久的方式，大概是让每个人一同策划你想提供的顾客体验。

在那之前，你必须先做3项准备工作：

（1）找出你想为哪种类型的顾客设计体验。因为你无法同时满足所有人。选出特定的顾客群或利基市场，找出能让那个特定群体惊艳的方法。

（2）寻找所有可行的接触点。然后判定何者将对顾客看法造成较大影响。接触点是顾客与你的员工、你的产品或你的服务互动的所有时机。弄清楚哪些接触点会带给你最大影响。

（3）召集一个团队帮助你设计顾客体验。与顾客直接互动的人是你招募团队的重点人选。找出你的团队还需要拥有哪些技能的人，将他们的意见纳入你正在做的事情中。

一旦打好最初的基础，接着就可以开始设计理想的顾客体验的细节。执行这件事包含6个步骤。前3个步骤与顾客的角度有关，后3个步骤则专注于想出方法超越对手。

此6大步骤为：

（1）探索顾客希望得到的结果。找出顾客与你做生意，或是通过购买你的产品、服务，他们希望得到什么。一开始就弄清楚这件事是很重要的，因为顾客就是以这样的方式来判断他们是否得到了价值。

（2）找出任何妨害体验的障碍。找出目前是什么妨碍了公司提供理想的顾客体验。障碍可能是自己造成的，也可能出自你无法掌控的事。列出完整清单，让自己知道此刻面对的是什么情况。

（3）确立体验心态。用一句话简单描述你希望员工怎么去对待顾客。这不是一句营销口号，比较像是设定期望的真心话，例如：“您是我们热烈欢迎的特殊贵客。”

（4）定出特定工作行为。在你选定的接触点一定要百分百做到的行为。这些是必做的工作，没有商量余地，你期待员工每次都能做到。

(5) 找到出类拔萃的机会。你想多表现的额外行为，它能让你靠着提供绝佳体验脱颖而出，是让顾客拍案叫绝的好方法。你希望员工留意这样的机会，一有机会便善加利用。

(6) 最后，你会按照轻重缓急排出优先程序，并确认正确程序具备所需资源，能保持一贯良好的状态。你想要的程序，也将帮助员工持续稳定地提供改变市场游戏规则的体验。

花时间、花力气为你选择的每个接触点记录理想的顾客体验，这样做有以下几点好处：

◎ 你可以找出使这类正面的顾客体验持续进行所必须具备的东西。

◎ 让团队参与策划过程可使他们产生认同感。

◎ 你设计的体验应该依据行为特征而非依据性格特征——这样才看得到、测量得到。

◎ 你能找出可行方式让自己胜过竞争者。

◎ 你被迫从顾客的角度审视自家的产品、服务与体验。

◎ 你能找出有效的做法，而且知道如何付诸实际行动。

关键思维

说到创造以员工与顾客为主的品牌体验时，公司（或管理者）的成功只有不到1%取决于工作团队得到的培训，超过99%取决于管理阶层提醒他们的能力。

——格雷格·莱德曼

不要让员工过度负荷。一次进行太多的行为修正或改变太多程序会抹杀动力，使员工感到沮丧，还可能损及顾客体验。选出最重要的1或2个接触点来设计顾客体验（让钱花得最值得）。

——格雷格·莱德曼

“活出品牌”策略是优良公司与卓越公司之

间唯一的重大区别。那些顾客喜欢来往的公司掌握了秘诀——让员工“活出品牌”并且投入。这些公司的表现超越竞争者。而这些公司也被视为最佳的工作地点，并赢得死心塌地的顾客。

——格雷格·莱德曼

二　管理顾客体验4大原则

一旦清楚定义理想的品牌体验后，下一个挑战就是创造以绩效为出发点、每个人都身体力行的企业文化。要做到这点，你要用工具评量正在发生的事，然后定期提醒每个人未来该如何做得更好。若想持续改善“活出品牌”的绩效，评量指标是最重要的事。

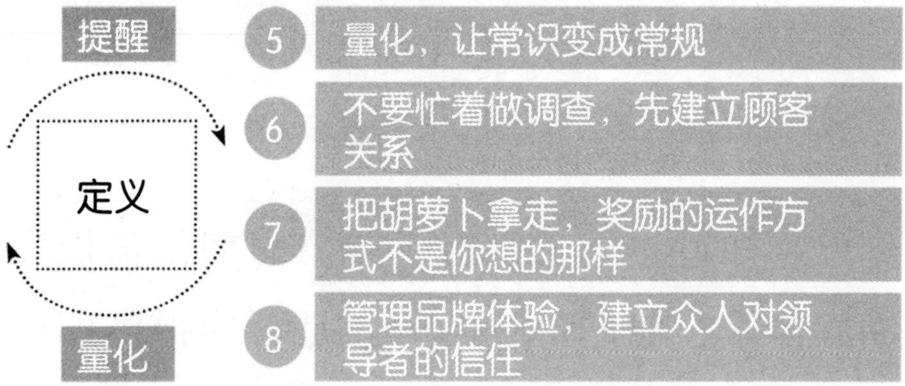

原则5　量化，让常识变成常规

越多员工热衷于活出你的品牌，情况当然会

越好。如果员工全心投入，他们的行为举止与你试图提供给顾客的体验就越符合、越一致。从管理者的角度看，如果要管理体验，你必须随时追踪有多少员工正在“活出品牌”。

所以，要如何评量你的工作团队有多投入呢？你可以定期执行“活出品牌评量”。

“活出品牌评量”由一系列指标组成，可分为 3 大类：

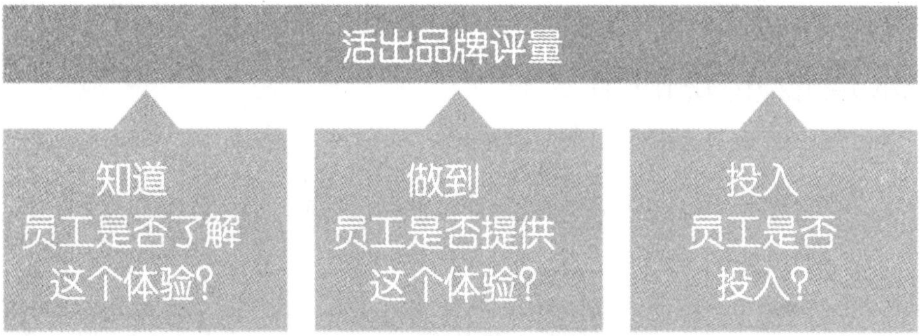

（1）知道。员工是否了解公司期待他们提供的品牌体验？他们每日的行为是否能提供那样的体验？用 1 分（完全不同意）到 10 分（完全同意）回答下列问题：

◎ 我了解我部门的目标。

◎ 我了解我个人对于绝佳顾客体验的贡献。

◎ 我了解我需要做些什么来完成部门的目标。

◎ 其他与我共事的人也都知道他们必须做些什么来提供绝佳顾客体验。

◎ 其他与我共事的人营造了良好环境。

◎ 其他与我共事的人都积极向上。

（2）做到。你的员工是否能持续地提供品牌体验？列出产生品牌体验的行为，接着以 1 分（极为罕见）到 10 分（总是如此）给表现打分。为你自己提供品牌体验的能力，以及团队里其他人的表现打分。你也可以加入一项评量，了解管理阶层是否始终如一地表现出必要的领导行为。

（3）投入。你的员工是否真心投入？再次以 1 分（完全不同意）到 10 分（完全同意）回答以下 4 个问题：

◎ 我会向亲朋好友推荐这个工作环境吗？

◎ 我会鼓励朋友买公司的产品与服务吗？

◎ 如果别的地方提供给我类似工作，我是否还是会留在这个公司？

◎ 我是否经常有超水准的表现？

以这样的方式执行“活出品牌评量”（至少一年一次）的优点包括：

（1）这类指标很容易理解。这些指标能提供可以指导行动的信息。你可以追踪你是否改善了员工投入的程度。此外，每项指标也会让管理者了解哪些方面需要改善。

（2）这类指标以行动为导向。它们会强化公司试图达成的事。

（3）这类指标可以量化。你可以将它们联系到你正在试图达成的事，例如产生营收、减少成本、增强员工生产力等。

（4）这类指标能提供宝贵见解，让人知道工作上发生了什么事。

（5）这类指标提供良好机会，可以让管理者提醒员工你想提供的品牌体验是什么，并且提醒他们每天都提供这样的体验。

换句话说，这样的“活出品牌评量”能够让你得知你拥有多少高度投入（第 5 级）的员工，以及有多少人并不投入（第 1 级）。了解真正的情况，了解公司和产业中其他竞争者相比较之下的表现如何，你就有发表意见的空间了。

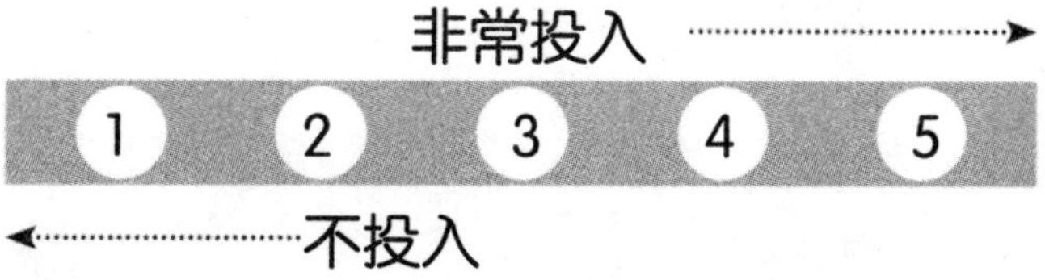

关键思维

顶尖公司知道自家员工有多投入，而且专注于改善这件事。如果员工的投入程度岌岌可危，你不能坐在椅子上往后一靠，什么都不做，继续容忍生产力与员工士气方面的负面影响冲击顾客体验。即使你认为公司员工高度投入，只不过偶尔出现水准不一的顾客体验，后果也可能不堪设想。

——格雷格·莱德曼

原则6　不要忙着做调查，先建立顾客关系

在今日科技协助下，用意见调查“轰炸”顾客是非常简单的一件事。做调查很好，但如果不注意，可能会惹恼顾客，尤其是当你没有用调查结果来改善你的服务时。

更好的方式是以两个关键问题为中心，与顾客进行直接对话：

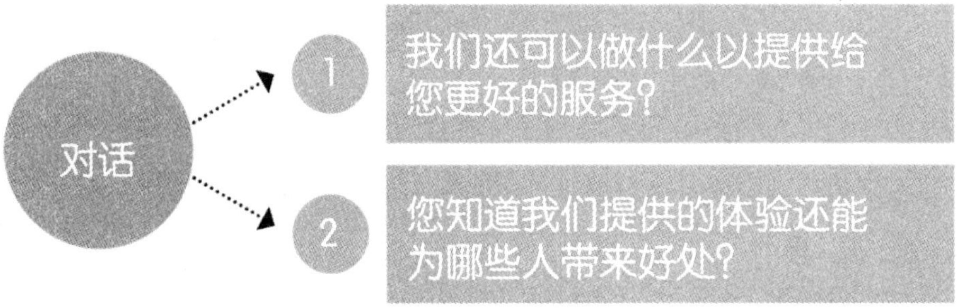

当然，要赢得问这些问题的权利，首先你必须提供给顾客超凡体验。一旦做到之后，你可以做以下准备，进行优质对话：

◎ 选择一小群目标明确的顾客进行互动。

◎ 拟订引发优质对话的完整计划，事先做好准备。

◎ 事先想好了解顾客意见后，后续要如何处理。

记住，搜集信息是件好事，然而最终目的还包括利用这些对话提高顾客的参与程度。

这些对话应该是公司持续执行的沟通机制中不可或缺的一部分，而非一次孤立的任务。

关键思维

有策略且有效率地追踪顾客以及改善流程所花的代价，和因此所能获得的营收增长之间，是很重大的经济权衡。顾客参与计划如果执行得当，将能带来优质对话，加深与顾客的关系，并带来明显的投资报酬率。举例来说，苹果的员工用于追踪“不满意顾客”的时间，每 1 小时可以在 6 个月内带来 1000 美元的额外销售。真是不赖的销售率！而且这些销售还是来自不太开心的顾客。

——格雷格·莱德曼

你可以调查顾客与你的公司打交道的整体体验，或是他们在某个互动点或接触点的体验。哪种顾客对话会最有效要考虑许多因素。只要你能依据调查结果做后续处理，两种类型的调查都会有好处。

在公司内部发起健全、可行的顾客对话方案：

（1）回顾。过去哪些东西可行，哪些不可行。看看你能否把已经发挥作用的东西当成基础继续发展，而不是重新开始。

（2）厘清你的目标。你是在试着利用顾客对话，同时增进员工与顾客的投入程度。此外，你也想要制造追加销售的机会，增加被推荐的次数，以及解决你找到的任何问题。这些全都是不错的目标。

（3）找出并吸引对的顾客。依据你觉得合理的标准，找出你要瞄准的顾客。你要筛选，但同时也要兼容并蓄。

（4）拟订沟通策略。要如何邀请顾客展开对话，接下来要如何感谢他们提供意见，以及未来要如何做后续追踪。

（5）定出预算。找出你需要哪些资源，以及由谁负责什么事等。

（6）替你的对话写下一些脚本。你想提出的重点，以及你的对话要应用的准则。同样，你要找出实际方法来追踪这些对话，找出要如何处理顾客建议的事。

（7）指定计划经理。这个人要负责让对话发生，并整理这些对话，与每个人分享。你很可能需要计划主管、部门负责人与计划团队一同参与。

（8）微调你的问题。找出大约10个可以在3分钟内完成的问题，作为与顾客对话的核心。

（9）规划你要如何与工作团队分享成果。你要如何运用你搜集到的反馈意见来提高员工投入程度。规划如何将你的所学纳入员工招募程序、绩效考核以及领导能力开发计划中。

不要忘了，在量化提供顾客体验是否成功时，顾客对话只是你所有努力中的一部分。

你真正要做的是一个 360 度品牌体验检视，其中包括 3 项指标：

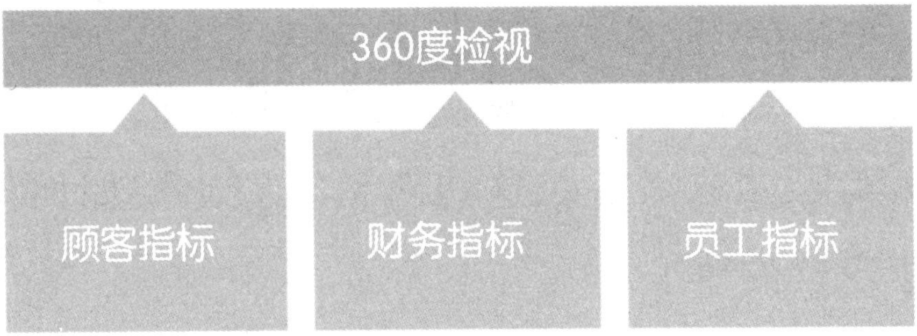

关键思维

每次遇上与顾客互动、了解他们体验的机会，你都可以促使其成为可能的推荐和追加销售的机会，而不只是单纯做调查。提出正确的问题，然后通过优质对话，用有效率的方式处理后续，追踪得出结果，这样才能让普通顾客成为更能为你带来利益、更死心塌地的顾客。

——格雷格·莱德曼

原则7　把胡萝卜拿走，奖励的运作方式不是你想的那样

每个人都以为奖励——通常是给更多钱——是最强大的动机。然而研究显示，表扬贡献的机制其实效果更好。如果你能制定策略性表扬机制，每天找出最佳员工并让大家知道该员工的作为，你会发现更多员工有正面回应。你只需要不断提醒员工他们必须做什么才能"活出品牌"就可以了。

关键思维

我们常常以为奖赏与表扬必须一起出现。事实上，事情通常并非如此。我并不是在建议你只表扬员工，不给奖赏，我只是在告诉你，公司通过表扬的威力能得到较高的价值，从实质奖赏得到的则没那么大。

——格雷格·莱德曼

要设计优秀的“活出品牌”策略性表扬机制，得具备以下3大要素：

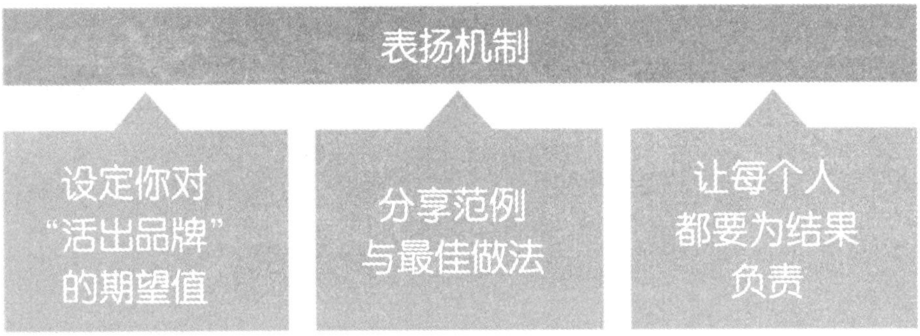

（1）设定你对“活出品牌”的期望值。你必须让每个人都知道与了解和传达品牌体验相关的一切事项。换句话说，你必须确认每个人都能“活出品牌”。

（2）分享范例与最佳做法。让品牌体验成为每个人日常对话的一部分。

（3）让每个人都要为结果负责。管理者必须搜集实际资料，表扬在“活出品牌”这方面做得最好的人。

如果更进一步分析上述3大要素，有活力的表扬机制通常还包含9大重点：

（1）这个机制必须让团队里每个人都参与。你必须明确表示“活出品牌”是每个人都要做到的事，不只是销售团队的事。

（2）表扬机制必须和业务表现联系在一起。员工必须因为杰出的业务表现和不凡的作为获得表扬。

（3）这个机制必须无所不在。必须让大家利用原本就在使用的策略，轻松接触到这个表扬机制。

（4）机制中必须内置提醒引擎。员工与管理者应该每周、每天都得到“活出品牌”与“提供绝佳体验”的鼓励。

（5）表扬必须有“黏着性”。采用记分法，让员工用得分兑换奖品甚至是奖章。

（6）这个机制必须彰显成功故事。你必须挑选杰出的“活出品牌”时刻，让它们脱颖而出。许多机制利用一星、二星、三星的方式将成功故事分级，吸引人们注意真正让人惊艳的时刻。这么做会带来另一层关注，让最具影响力的故事闪闪发光。

（7）好的表扬机制内置社交媒体元素，可以满足社交需求。尤其是使用社交媒体网络的主力军，你必须照顾到他们的喜好，方便他们提出意见、票选自己喜欢的东西，以及与同事分享他们的成功故事，促成优秀的团队合作。让人们在网上或是用他们偏好的任何方式，来追踪自己的表现。

（8）表扬机制必须能够引发更具意义的对话。利用成功故事提醒员工提供绝佳顾客体验的重要性。每年评估员工绩效时，参考他们的成功故事以及他们个人的“活出品牌”时刻。用这样的方式让表扬机制更具意义。

（9）健全的机制可以让管理者评量与管理结果。你可以直接将员工提供的体验与企业最重要的指标联系起来。高度成功的公司热衷于量化其成功。你必须决定你的公司要使用哪些指标来评估体验。

你可以运用的选项包括：

最重要的指标

- **产生营业收入**
  - 每位顾客再度光顾率
  - 每位顾客平均销售额
  - 利润
  - 顾客留存率
  - 推荐次数
  - 交叉销售或追加销售率
  - 计费时数或使用程度
  - 库存周转率
  - 计费周期
  - 转换率
- **降低成本**
  - 员工流动率
  - 不适任员工流动率
  - 品质问题
  - 产品回收率
  - 员工旷工率
  - 法律支出
  - 营销支出
  - 培训支出
  - 安全议题
  - 员工招募
  - 员工偷窃

原则 8　管理品牌体验，建立众人对领导者的信任

管理品牌体验，让你成为更受信赖的领导者，这也是吸引员工投入非常重要的目标。当你

的同事与员工相信你会胜过竞争者，你的公司就能省下花费并赚到更多钱。

关键思维

让品牌体验成为每日对话的一部分，这是建立信心与管理体验的最佳方式。身为管理者、上司、主管、企业老板，或任何你自许的身份，你终极的责任就是要了解如何才能胜过竞争者。你的责任是创造一个环境，让员工开心、生产力十足而且投入——因为不快乐的员工不会持续带来开心且死心塌地的顾客。

——格雷格·莱德曼

为了成功管理体验与建立信任，你必须：

(1) 评估与量化体验。运用对公司来说重要的指标，清楚了解自己目前的处境，以及必须往哪里走才能不断创造死心塌地的顾客。

(2) 让体验一直能被看见。你可以在工作团

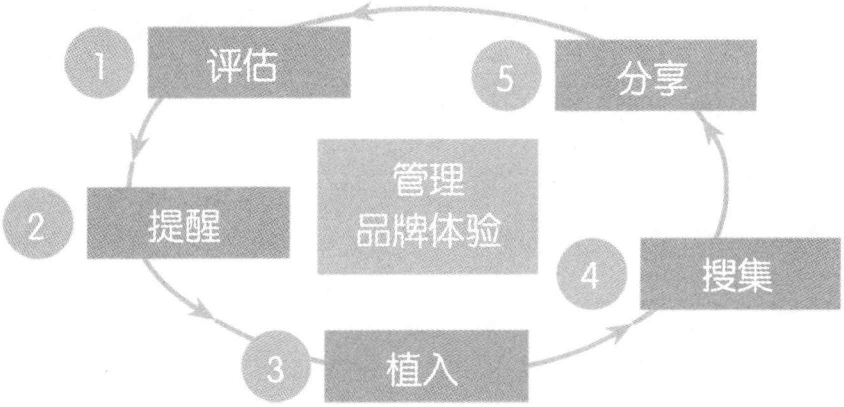

队每天工作的地方，放置策略性的提示，让员工不时想到“活出品牌”的重要性。

（3）让体验成为每日对话的一部分，也就是置于人们工作时谈论的事中。

（4）针对顾客得到的体验，搜集他们的反馈意见。你可以接着利用这个信息，向员工强调，不论他们是否意识到这件事，他们永远都会置身其中。

（5）你必须分享优秀员工的优质服务。让员工了解他们必须提供什么样的服务才能让公司更加成功。这些典范将为公司的学习引擎投入燃料，创造优秀的工作环境。

如果能养成以下 3 个习惯，你将能建立起人们对于你身为领导者的信任：

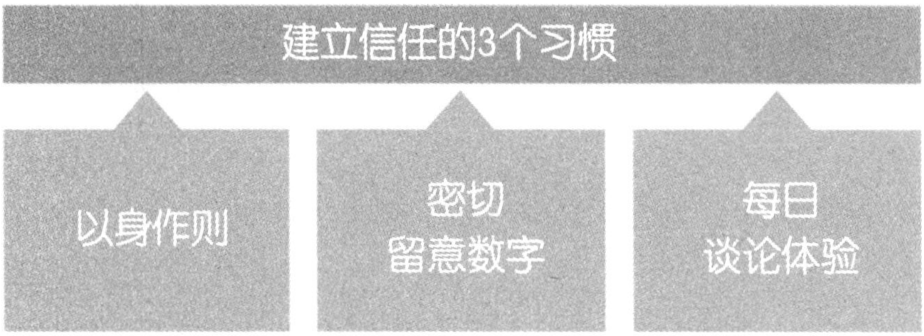

◎ 你必须说到做到。亲自示范你指定他人不容讨价还价的行为。不仅要“活出品牌”，你还必须带头去做。

◎ 你必须留意数字。对于所有你用来量化成功的指标要了若指掌。

◎ 你必须让提供体验成为日常对话的一部分，不断提醒员工他们应该做什么。

当你让该体验成为对话的一部分时，其实你是在展示你对这件事多么了解。“知道”是内化及提供一致性体验的第一步。当你“知道”并持续不断“做到”品牌体验时，你便开始建立信任。

让该体验成为日常对话的一部分，这也会强调品牌体验就是公司的定义。它会提醒员工他们每个人都正在为顾客提供体验，并不断强化这就是“我们从事这项工作的方法”。

提醒员工要提供给顾客绝佳体验对管理者来说责无旁贷，也是你每天都要关注的重点。一年之中，员工应该得到150次以上的个别提醒，强调“活出品牌”的重要性。你应该站在监督的位置，寻找每日、每周、每月让人了解这个信息的机会。

关键思维

信任是领导者要达成的重要成果。当你学会有效、坚决地管理体验时，身为“管理者”的你将赢得更多信任。

——格雷格·莱德曼

管理与提供公司的品牌体验不是另一件要做的事，而是我们正在做的事。每天我们工作时，就会提供一个体验。因此你的问题永远都是：未来你要管理它吗？

——格雷格·莱德曼

不必黑心也能利润优先

Profit First

A Simple System to Transform Any
Business from a Cash-Eating
Monster to a Money-Making Machine

原著作者简介

迈克·米夏洛维奇（Mike Michalowicz），美国知名创业家与作家，毕业于弗吉尼亚理工大学。曾经成功创建两家数百万美元的公司，目前正在经营他的第三家公司。著有《南瓜计划》、《卫生纸创业家》等，深受企业人士喜爱。他定期为《华尔街日报》电子版撰写专栏。

本文编译：叶心岚

主要内容

主题看板

别让公司变成吃钱怪兽

无论你当初为何创业，你希望公司最终变成赚钱机器，而不是吃钱怪兽。想要改变这一切，方法很简单，就是你要完全掌握现金流向，并且记得先把利润留下来。

许多创业者一开始可能拥有一个好点子，或是身怀绝技，为了实现自我价值而踏上创业之路。他们通常不是财务方面的高手，也不一定拥有雄厚资金做靠山。结果，在证明自己的创意或技术大有可为的同时，他们仍得为每天的基本生存四处筹集现金。

你不清楚每个月能收到多少钱，但租金、水电、人员薪资、税费、承包商货款等该付的账单却一块钱也少不了。左手拿到的钱，不够右手给出去，你看得到数字，却留不住财富。更糟的是还可能陷入做得越多、赔得越多的窘境。此时就算你仍记得创业时的梦想，但口袋里的现实却让你忍不住厌恶眼前这头吃钱的怪兽。究竟怎么会变成这样呢？

吃钱怪兽比你想的更恐怖

作者迈克·米夏洛维奇本身就是一位创业家，他很清楚白手起家、胼手胝足的历程。他曾经成功经营2家公司，并且相继转手赚得数百万美元。当时他自信满满，相信自己完全知道如何打造成功事业，因而投资了十几家新创公司，为这些公司建立了会计、营销、社交媒体和网络设施。他深信只要这些公司前途看好，加上完善的基础建设和他过人的才华，一切就会宏图大展，结果2年间一切全没了。

是的，他也养出了吃钱怪兽，而且一次还好几头。他每天忙着开支票，直到再也撑不下去，他甚至忍不住在家人面前崩溃痛哭。当9岁小女儿拿出她心爱的小猪存钱罐安慰他时他才醒悟，自己一直不肯面对现实，始终活在自欺欺人的假象当中。

现实是你应该先保障获利

长久以来，企业总是习惯将销售所得扣除支出才得到最后的获利，虽然这个想法在逻辑上没有任何问题，却没有考虑到人性的因素。因为大部分中小企业老板只看得见银行账户的余额，他们会根据眼前金额做出决策，而且也总是找得到花钱的理由。如此一来，获利变成最后再说的事。

迈克提出不同的看法，他认为你应该先将销售所得扣除利润才能得出最后剩下多少余额可供支出。亦即你要决定每笔营收的利润率，先确保获利（无论多少），再使用剩余现金经营公司。运用这套方法可以过你创业时想过的生活，不再因为财务绩效不理想而变成事业的奴隶。

这套方法讲的不是立即致富，而是从根本上务实。就像许多人会将收入装进好几个信封，迈克也认为为了让你对现金流向“有感”，你最好开设不同的账户，老老实实地面对所有数字。但千万记得一定要先把利润存下来，即使只有一点点钱，长期下来便能看到累积的财富。

诚如每本书都有它最适合的读者，有些人可能完全无法接受书上的建议，有些财务及会计专家甚至会挑出书中的毛病。但是如果你对现状不满，并深深认识到你必须学会管理公司或个人的财务，那么这套方法肯定有值得你借鉴的地方。

一　表明立场

任何一位中小企业老板都可能告诉你，有多少营业额并不重要，关键是你能留下多少钱。表明立场，宣告从现在开始，你将经营一家能获利的企业，除了这个目标之外，其他一切都是次要的。采用利润优先系统之后，任何企业都有能力而且都会得到改善。

每家企业几乎迟早都会遭遇现金流的问题。这个问题共同的答案一直都是“增长”——你试着想出如何创造更高的销售额，如何吸引更多顾客，赚进更多钱。不过，增长只是一方面。即使创造了更高的销售额，如果成本也跟着增加，销售额再高也帮不了忙。中小企业想更健全的关键在于提高获利能力，而不只是获得增长。

大多数中小企业老板，最终采用所谓的“银

行余额账单”。每天关注银行余额，据此判断企业运作是否良好。如果银行里有钱，就感觉心情愉快放松。如果没有钱，就忙着创造更高营收，尝试赚进更多钱。

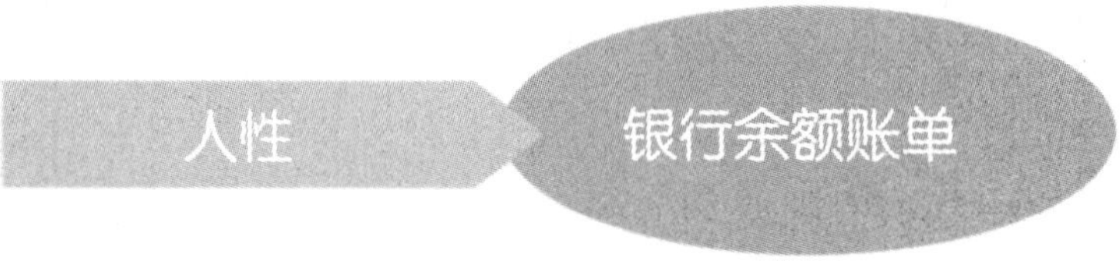

银行余额账单体现了人的本性。查看我们的银行余额，用它来引导我们的认知，乃至我们的行动，是很自然的事。但不幸的是，虽然你意图良善，但以在银行所剩的现金多少作为经营企业的基础，其实一点用处也没有。你最后只会掉入“求生圈套”，踉跄地从一个危机步入另一个危机。

关键思维

纯粹只靠一流点子、独一无二的人才，以及手头上任何可用的资源就造就出一份事业，无疑是个奇迹。直到有一天，你发现你的事业已经变成一头巨大、骇人、令人魂飞魄散的吃钱怪兽。

——迈克·米夏洛维奇

每当你为“为了赚钱而投入任何成本”来寻找正当理由时，即使这意味着暂时延后支付税费或供应商款项，“求生圈套”总会浮现在眼前。银行余额账单会再次让你以为只要手头有现金，所有问题都能迎刃而解，这种错觉会加深。但这整出中小企业闹剧的真正元凶却是一般公认会计原则（GAAP）：

销售-支出=利润

在现实世界，你可能会这么想：

◎ 这是我的总营收、我赚来的收入。

◎ 扣除产品的批发成本。

◎ 扣除经营企业产生的所有其他成本。

◎ 接下来我支付税费。

◎ 然后我支付薪资。

◎ 最后，我把剩余部分当作获利。

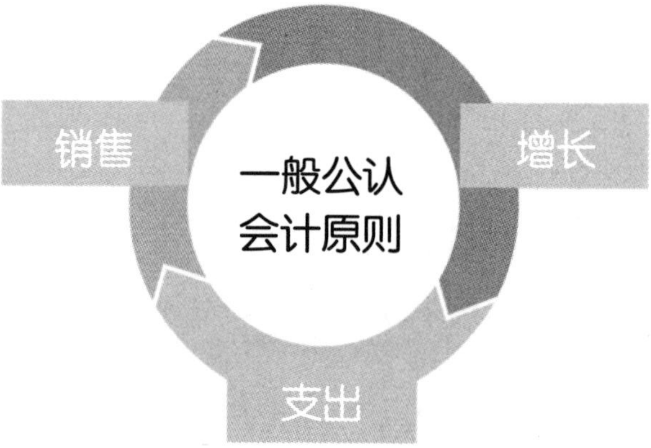

一般公认会计原则教你先聚焦在销售和支出上。如果你卖得够多，依照逻辑发展，其他一切就会水到渠成。对中小企业来说，一般公认会计原则也存在不必要的复杂性。事实上，在打造一个有获利能力的小型企业时，一般公认会计原则反而成为灾难方程式，因为它会引导企业落入“求生圈套”。

若要避开“求生圈套”，让你的小公司变身为现金制造机，你必须表明立场。你决定从今天开始要经营一家赚钱的企业，除了这个目标之外，其他一切都是次要的。今天就对自己许下承诺，你的企业最重视的就是获利能力。

利润优先会计法将一般公认会计原则标准方程式翻转如下：

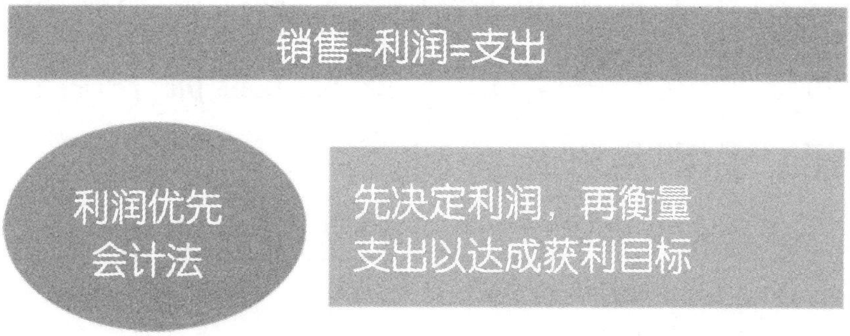

关键思维

一般公认会计原则的基本缺陷在于违反人性。不管我们赚到多少收入，我们总会找到方法花掉这些收入——而且是全部收入。我们每笔支出都名正言顺，每一笔都情有可原，每一笔都是必要开支。用不了多久，当我们挣扎着支付每笔“必要”开支时，我们银行的钱很快就会消失。

——迈克·米夏洛维奇

就是这么回事。补救你的财务状况只有一个方法：面对你的财务问题。不能忽视财务状况，不能让其他人处理。你必须负责处理这些数字。但告诉你一个好消息——这个流程真的非常简单。我不在乎你的企业规模大小，也不在乎你月复一月、年复一年，过了多久在恐慌中侥幸求生的日子。你即将开始获利。

——迈克·米夏洛维奇

二　建立你的利润优先系统

利润优先的原理是建立你的系统，让它和你的思考和运作方式完全一致。建立系统的方式是在银行开设 4 个账户，然后以谨慎灵活的方法管理这些账户之间的现金流。就实际层面来说，利润优先就是让你的企业先有获利，并且维持下去。

有个产业熟知一切挑战人性的做法，那就是减肥产业。减肥业者提供的多数计划通常可简化为 4 项核心原则：

（1）使用小盘子。这样上菜时，你自然会吃下分量较少的食物。你摄取的卡路里越少，越容易开始减轻体重。

（2）依序上菜。先吃蔬菜，因为蔬菜富含营养。如果最后才端上蔬菜，你就可能吃不完这些蔬菜。

（3）移除诱惑。垃圾食品不要放在手边或容易取得的地方。这会迫使你吃下手边的健康食物。

（4）强制导入节奏。不要在饥饿时吃东西，那会让你吃得更多，而是要少量多次。

利润优先系统从这些想法得到灵感，再依照财务管理现实加以改造。从以下方法来看，利润优先系统就像是成功的减肥计划：

（1）使用小盘子。利润优先系统建议你开设4个账户让资金分散，而不是一个银行账户：利润账户、老板薪资账户、税金账户和你目前的营业支出账户。这个方法为你手头上的现金提供更平衡的流动去向。

（2）依序上菜。资金总是先放进你的利润账户，然后是你的老板薪资账户，接着是你的税金账户，最后剩下的是你的营业支出账户。这意味着如果你没有留下足够现金支付开销，你最好立刻开始削减支出费用。

（3）移除诱惑。为了让你取得部分现金更困难和麻烦，你的利润账户和税金账户应该开在另一家银行。这样会使得从一个账户“借钱”给另一个账户变得比较困难，如果你设定存取限制的话更是如此。

（4）强制导入节奏。实施利润优先系统之后，你1个月处理2次应付款项，分别在每个月的10日和25日。借此你会看见现金逐渐累积，感觉到现金真正的流动方向。你养成良好的习惯，不再凭借侥幸和直觉行事。

以上总括来说就是利润优先系统。你用一种管理现金流的方法促使你先支付自己一笔利润。利润成为你最先支付的部分，而不是事后再说。

特别注意利润优先系统要求你开设4个不同的银行账户：

◎ 营业支出账户——将会是支票账户，你可能已经为你的企业开好此账户。

◎ 利润账户。

◎ 税金账户。

◎ 老板薪资账户。

如果你把税金和利润账户设在别家银行，不同于目前用来处理日常运营业务的银行，会是很有帮助的做法。这些账户可以是储蓄账户，因为它们只是用来存放分配得来的资金而已。如果你开设这些账户，甚至无法在网络上浏览余额，等于你找到地方把钱存起来，然后忘掉它们。虽然听起来有些奇怪，但拥有这些看不见的隐形账户，将协助你的企业赚更多钱。

除了将资金分配到这 4 个账户之外，利润优先系统也让你的工作更井然有序。每个月的 10 日和 25 日，你得：

◎ 支付你的账单。

◎ 将资金移入各种不同账户。

◎ 了解你的钱去了哪里。

每个月追踪 2 次财务表现将发挥激励效果。你每季度还应该做另一件事，那就是在每个新季度的第一天支付自己一笔股利。你可以从利润账户取出50%的资金当作股利，将另一半资金留在账户当作现金储备。

随着定期分配利润习惯的养成，你的思维也会发生微妙改变。可以庆祝一番，将这笔钱花在你和家人喜爱的事物上。这非常重要，因为通过这种做法，你不再将你的企业视为吃钱怪兽，而是将它看成现金制造机，它可以持续不断地供应你，支持你的生活。如果你遵循利润优先系统，每一季度过去，你将越来越热爱你的事业。

完成利润分配后，利润账户内的资金余额应该逐渐累积，直到你有足够的钱支付3个月的固定支出为止。一旦累积到该笔资金，开始利用这些资金进行提升生产力的资本投资。

执行利润优先系统浮现的第一个问题就是厘清每个账户的百分比应该是多少。此处提供的数字仅仅是建议，你必须自己决定合理的数字。

若要决定你应该努力达成怎样的分配比例，

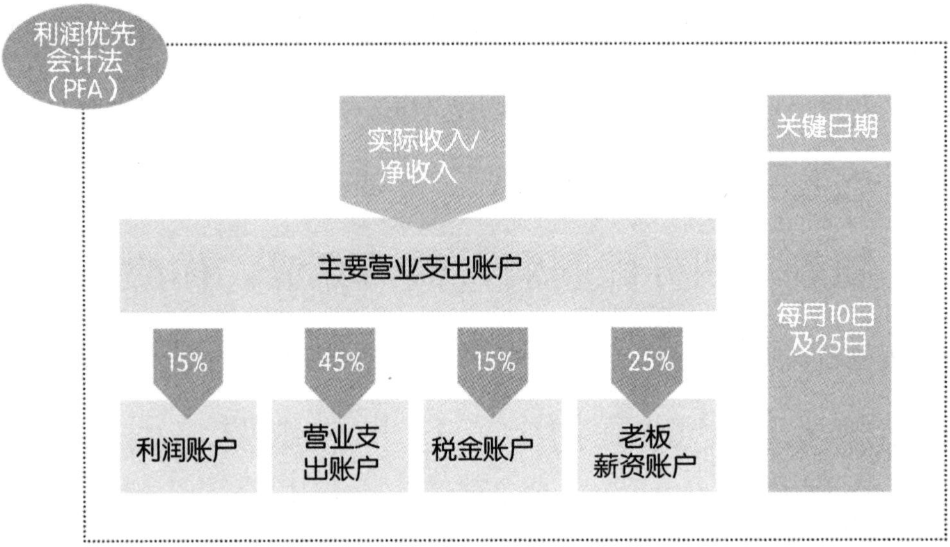

目标分配百分比

实际收入	利润	营业支出	税金	老板薪资
$0~$250K	5%	30%	15%	50%
$250K~$500K	10%	40%	15%	35%
$500K~$1M	15%	50%	15%	20%
$1M~$5M	10%	65%	15%	10%
$5M~$10M	15%	65%	15%	5%
$10M~$50M	20%	65%	15%	0%

不妨试试以下练习：

（1）先确认你目前所在位置。输入最近 12

个月的总营收，然后扣除所有支付的原材料和承包商款项，最后得到你实际收入的数字。

（2）检查实际收入目前分配的方式。接着输入最近 12 个月的实际利润，支付自己多少钱，支付多少税金，以及营业支出是多少。填好这些数字，再反过来计算这些数字占实际收入的百分比。

（3）将你目前的分配结果和目标数字相互比较。目标百分比清楚显示出你的分配会因企业发展阶段而改变。当你刚开始起步时，你通常是唯一的员工。随着公司成长和增聘员工，你也会跟着扩大系统并调降你的薪资，因为你的员工角色比重降低，股东角色提高。随着公司规模越来越大，你将来可能会新增管理团队，因此你从利润分配赚到的钱会比担任一线员工来的多。请注意：税率仅供参考。你可能必须配合实际税率上下调整。

（4）决定你需要补救的项目。将你目前分配实际收入的方法和目标百分比做比较，再决定往前迈进的补救方案。在这个项目你不是写下“增加”——如果你必须提升这个项目的百分比，就是“减少”——如果你必须降低这个部分的收入分配。

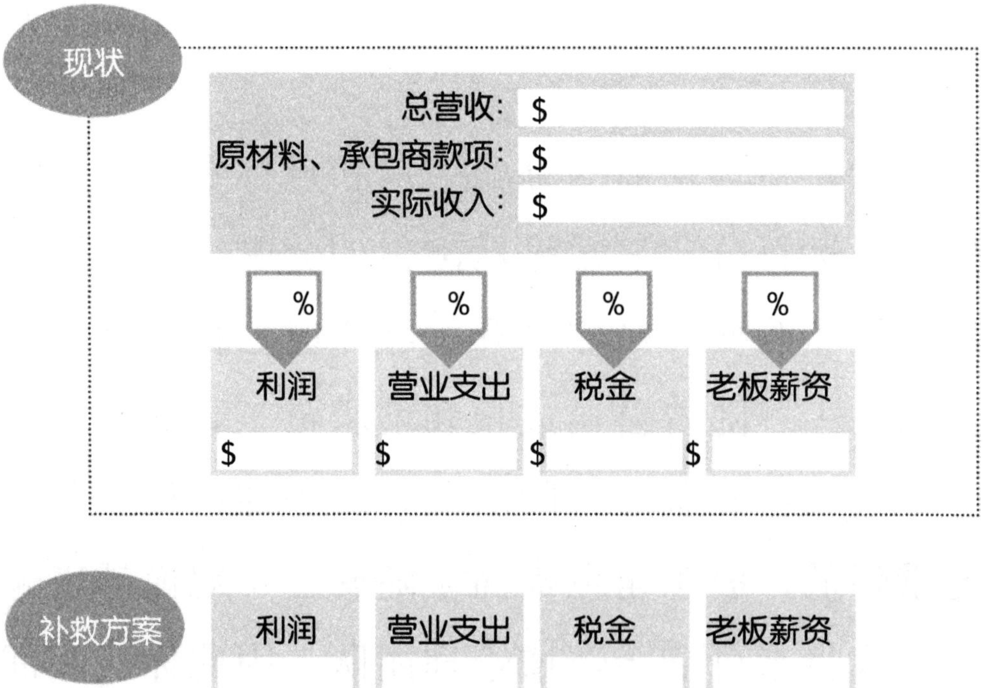

关键思维

财务健全的公司是一连串日常小额财务目标累积达成的结果，而非依赖单一重大时刻。获利不是单一事件，而是一种习惯。

——迈克·米夏洛维奇

三 使用利润优先系统消灭负债并使企业优化

一旦开始管理企业，以利润为优先之后，你很快就会发现，若要达成目标，负债是你面临的主要挑战。为了维持长期的获利能力，你的首要任务是以聪明方法消灭负债。负债消灭后，接下来你就能运用利润优先的思维方式，为你的企业进行优化及仔细微调，使它在未来持续不断地产生获利。

成功执行利润优先系统的关键在于，将一连串方向正确的小步伐串连在一起，然后一而再、再而三地重复。你期盼的不是一次性大幅改进，而是稳定渐进的改变。

针对你目前所在位置进行即时评估，将它当作你的起点，开始朝着你想去的地方推进。假设你此刻的即时评估如下：

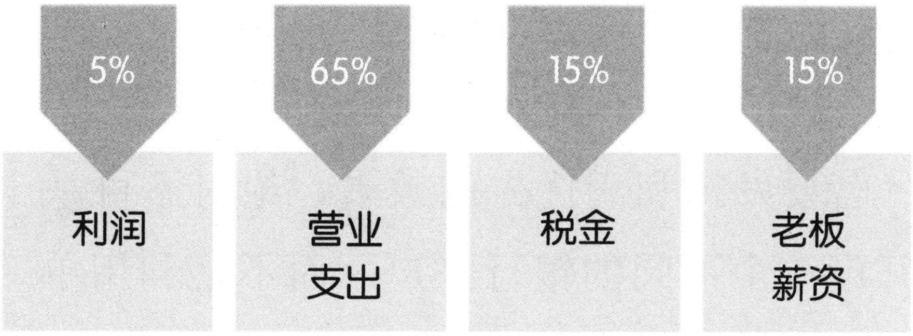

然后你下一季度的目标可能是：

◎ 增加利润。

◎ 减少营业支出。

◎ 增加老板薪资。

下一季度结束时，你进行另一次即时评估。如果你已经达成目标，现在的即时评估比较像这样：

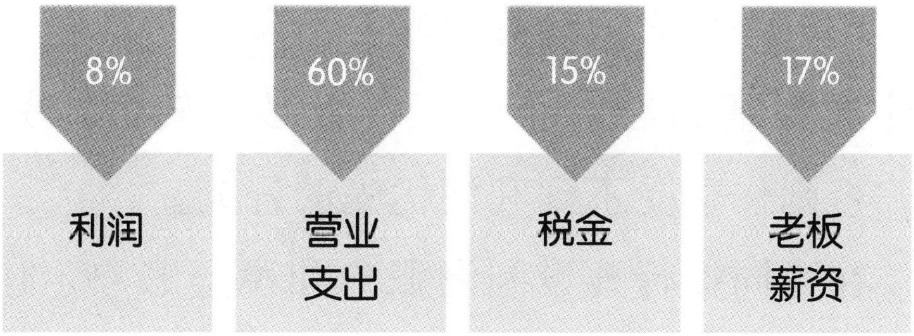

接连几个月朝着正确方向持续不断地迈出小

步伐，不要试图做出戏剧性的重大改变。要不断累积前进的力量，持续往前迈进。

若要发挥利润优先的效果，绝对不可缺少的是开设 4 个不同的银行账户，而不是利用单一银行总账户处理每件事。你必须有独立的利润账户、税金账户和老板薪资账户。你必须在指定日期——每个月的 10 日及 25 日将资金转入这些指定账户。

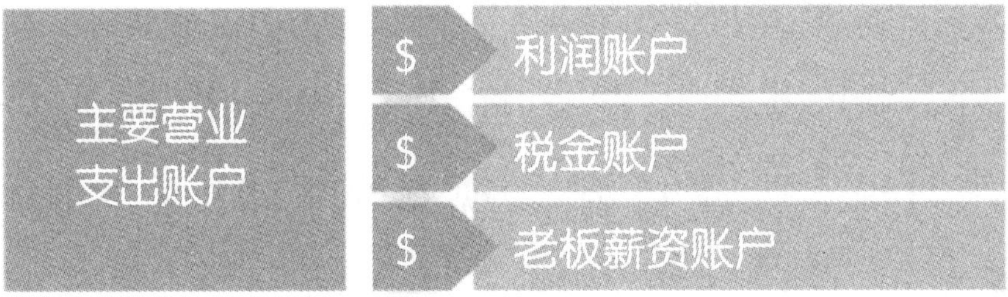

切记你正尝试摆脱以账户余额——银行余额会计法为基础经营企业。资金必须转入个别账户，否则你享受不到利润优先的好处。

在不同银行开设利润账户和税金账户，让这些账户的资金难以取得。这么做有助于移除向一个账户“借钱”填补另一个账户赤字的诱惑。只有当你做出这样的努力，利润优先系统才会开始施展魔法，将你的企业从吃钱怪兽转变成赚钱机器。

一旦利润优先系统开始为你工作，为了提高持续不断的获利，你可以着手去做这几件事：

（1）削减你的支出。为了使获利增长，逻辑上你必须增加营收或削减支出。你应该双管齐下，但扩大营业额不会在一夜之间发生。只要采取几个简单步骤，你就能立刻减少支出：

◎ 针对每项支出，问问你自己："我们真的需要它吗？"你会很惊讶地发现自己有多少次去购买没有任何价值的东西，因此可以马上停止这些行为。

◎ 检查你手中所有重复性的账单，取消你不再使用的服务。

◎ 试着找出方法，让你从省钱中得到比花钱更多的乐趣和欢乐。当你省下花费，以及每当利润百分比提高时，给自己一个奖励。

（2）得到情感上的支持。加入由志同道合的利润优先创业者组成的团体。你或许可以成立一个问责制小组，通过这个团体和其他企业创办人聚在一起，共商你们为节省开支而采取的方案。提出一些节省开支后可以用来庆祝的有趣活动（可以荒诞可笑），然后尽情搞笑。如果能振奋你的精神，你也可以在办公室把音乐放得很大声，或是四处跳来跳去，做些令人难忘的事。

（3）执行“负债冻结”。从所有公司银行账户查看过去 12 个月的全部开支。除了劳动成本、承包商费用和你的薪资之外，你在其他项目上花了多少钱？分析开支，标出哪些支出会立即产生收入，哪些支出不会立即带来收入。然后承诺从今以后，不再花钱在不会带来收入的项目上。停止增加负债，致力于消除全部负债。

关键思维

如果我们可以达成更高百分比，为什么要从

微小的百分比起步？原因在于此阶段的首要目标是建立一个新的自发性的惯性行为。我希望这个金额小到你甚至感觉不到。我们的目标是立即建立这些自动分配，然后再每季度调整百分比，直到我们的数字和目标分配百分比吻合为止。慢慢开始，但充分了解——目标绝对不能倒退。我宁愿你一步步靠近目标利润百分比，而不是朝目标跃出一大步，结果 1 个月之后又往后退。

——迈克·米夏洛维奇

（4）打造更精简的团队。大多数企业的经营，最昂贵的成本非员工莫属。评量你的员工，并提出以下问题：

◎ 谁是我的优秀员工？

◎ 哪些工作职务必须留在公司内部？

◎ 哪些工作职务不再需要填补空缺？

◎ 哪些工作职务我可以亲自负责？

如果你够坦诚，你或许早就发现，就目前营收水平来看，你的公司人力过剩。拟订计划辞退那些合同到期的非优秀员工，或是那些应该在外包职位上任职的员工。这将是非常困难而且具有很大破坏性的工作，但为了将来的获利，必须努力完成。

务必找你的律师谈谈，遵守相关劳动法律法规，而不是贸然开除你不需要的人员。接着向留下来的员工解释你为什么必须这么做，以及这个行动如何对企业的未来生存能力造成影响。

（5）亲自管理你的资金。打电话给你的银行，取消你全部账户的所有自动提款功能。同时也打电话给你的信用卡发卡公司，要求他们发给你新卡号。告诉你所有的供应商，你会在每个月的 10 日或 25 日开支票付款。

然后等着看谁会来跟你联络，索取新账户的资料。如果你和多数人一样，你可能会完全忘记那些默默重复发生的费用。建议你立刻采取行动，摆脱它们。至于其他的每月支出，看看你是不是可以重新协商降低金额。联络每家供应商，询问你要怎么做才能使每个月的账单金额减少25%。同时也查看自从上次查询以来，是否有其他更便宜的替代方案可供选择。

追踪你设法完全终止、重新协商降低或以更便宜替代方案取代的每笔支出。这是困难而且繁琐的工作，所以一路上不妨花些时间庆祝你的胜利。你最终不必用来支付他人的每一块钱，就是你可以存进利润账户的那一块钱。这是你可以好好享用的。

（6）开始处理负债雪球。列出你所有的负债，从金额最小依序排到最大，不必考虑利率。除了金额最小的负债外，偿还所有负债的最低金额。接着开始投入还债，尽可能在最短时间还完第一笔负债。然后偿还第二笔负债与第一笔负债总的金额，依此类推。负债雪球能创造动能。一开始是小雪球，然后随时间推移累积成更大的雪球。唯一必须确定的是，在你努力还清所有旧负债时，不再增加任何新负债。

想要利润优先系统奏效，削减支出是不可缺少的项目，但还有另一个可以创造更多利润的方法，那就是提高效率。关于这点包括三大概念：

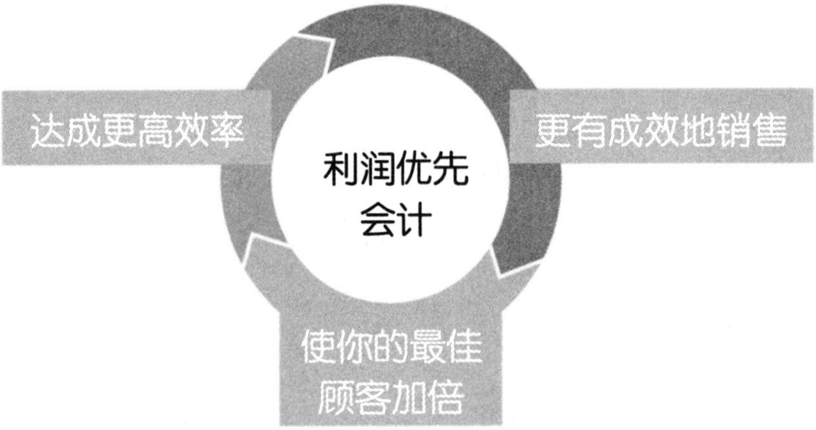

（1）达成更高效率。每周将重点放在一个业务环节上并提问："我如何用一半的力气在这个领域创造两倍的业绩？"不要期待大跃进，先尝试小进展并不断累积。接下来，一旦实现所有这些小进展后，暂停一下，寻找可以带你往前迈进的任何大步伐。可以提出以下问题：

◎ 我要如何大幅加快完成这项任务？

◎ 我能有怎样不同且更好的做法？

◎ 我能跨出什么样的大步？

每周把重点放在不同的业务方面，并且挑战自己，以一半的力气和支出求取两倍的业绩。全心全意瞄准远大目标，追求一些显著的进展。你或许可以办到，也可能无法达成，但只要去做，就有可能改变经营局面。

（2）更有成效地销售。这通常要求你厘清如何以更聪明的方式进行销售。认清哪些做法对你有利，再把它们嵌入你能采用及传授他人的系统。接下来，你就可以逐步调整与改善你的销售系统。

更有成效地销售，这也意味着你变成该领域的佼佼者，而且全心专注在该领域。如果你不小心，就非常容易走上岔路。你应该妥善建立有效的销售系统，让它发挥最大的效果。

（3）使你的最佳顾客加倍。如果你真的想要认真提升获利，拟订计划开除你最糟糕的顾客，再找出方法开辟更多为你带来最多利润的最佳顾客。

80/20法则（或称“帕累托法则”）同样适用于你的顾客群，就像它适用于你的其他业务一样。20％的顾客将为你创造80％的利润。如果你能摆脱最糟糕的顾客，并且开辟更多最佳顾客，你的获利理所当然会跟着增加。所以你要如何增加你的最佳顾客呢？寻找拥有相似需求和行为的顾客，然后争取成为满足这些顾客特定需求的供应商。如果你在这方面超越其他竞争者，你的现有顾客也会为你介绍他们的朋友。爱你的最佳顾客，充满热情地服务他们，这样你的营销工作就会自动奏效。

关键思维

销售前如果没有事先备妥衡量效率的方法和系统，那销售就是一个非常危险的经营过程，最后只会导致更高额的支出和更少的理想顾客。对你的顶级顾客采取高效率策略——开除不良顾客，开辟更多优秀顾客；改进你的服务和产品，善用你的资源；然后以聪明的方法进行销售。这些是提高获利率的不败法门。

——迈克·米夏洛维奇

当你许下获利优先的承诺，你最后一定会获得创业的回报，从你的事业上赚钱并不断地运营——循环往复，就像上了发条的钟表一样。

——迈克·米夏洛维奇

四　优化利润优先系统

一旦奠定好基础，你就会发现利润优先系统提供了适当模式，带领你的公司更上一层楼。有许多先进技术或策略可以加入你的利润优先系统。利润优先系统是非常健全的模式，适合任何规模和类型的公司用于追求成长。

你可以运用许多种方式建立利润优先的基本模式。部分建议如下：

建议 1　问责制小组

要定期激励你的自我培训计划，可参加或发起问责制小组。这是由志同道合的同仁组成的团队，定期聚会，向彼此提出报告并交换意见。光是知道必须向朋友报告现状的事实，就会帮助你提高坚持到底、言出必行的可能性。

建议 2　获利舱房

获利舱房是你教导其他人利润优先原则，并且协助他们应用该原则的地方。你成立一个团队，由经历相似的人员组成，然后致力于提供给彼此实用的协助。获利舱房的概念是教导别人原则时，你总是学得比单纯实践来得更多。获利舱房也是提供反馈的良好方式。

如果你愿意的话，可以发起一个由你和另一人组成的获利舱房。挑选和你一样想要经营和拥有健全获利企业的人。然后你们以正面的态度，成为彼此的支持者。每月 11 日和 26 日召开获利舱房会议是很合理的，如此一来你们可以报告各自的获利情况，讨论已经出现的问题。选择会督促和提醒你依照利润优先系统行事的伙伴，而不仅仅是意图良善就可以了。

建议 3　新增更多特定目的的银行账户

利润优先系统的精髓是利用多个银行账户，更妥善地管理你的金钱。为了达成这个目的，你开设 3 个额外账户，弥补主要营业支出账户的不足。接着在每月 10 日和 25 日，将资金转入特别指定的账户。

关键思维

认识利润优先系统只占整个赛局的 5%。为了赢得胜利，你还需要其他的 95%——你可以在你的问责制小组中取得。

——迈克·米夏洛维奇

大部分情况下这样做就能有不错的成效，但如果你想让现金管理更上一层楼，你应该考虑开设更多账户存入资金。部分建议包括：

（1）开设收入账户。你将所有收入款项存入这个账户，这样在 10 日和 25 日进行分配前，就可以清楚看见你收到多少现金。将收入和营业支出账户的费用分开，你会更清楚地看到在特定时间点，有多少钱流入和流出公司。如果你这么做，你的营业支出账户就会显示你的费用细节。

（2）开设保险箱账户。存入保险箱账户的资金可用来应对短期紧急状况。最后，保险箱账户的现金要足以支付3个月的固定费用。保险箱账户应该有利息收入，而且风险极低。用白纸黑字写下，只有在没有营业额或营业额极低的情况下才能使用保险箱账户的资金，而且在必须使用这些资金的情况下，你也会采取行动削减固定成本。

（3）开设库存或大笔采购账户。如果你定期采购大笔金额的存货，你每个月将钱存进这个账户，这样在需要时就有资金可供使用。利用这个方法，在大笔账单到来之前就可先行解决它。

（4）建立转手账户。如果你以成本价提供给顾客服务或产品，或是你的支出获得全额补偿，那么这个账户将使该笔支出从业务收入中独立出来。这个账户处理的是流入公司作为清偿的资金，而不是赚得的收入。

（5）开设原材料账户。如果你的大部分收入都花在原材料和承包商费用上，那么开设原材料账户非常有用。存入这个账户的钱是用来支付供应商的款项，这样你就不会自己把它花掉。

（6）开设独立的员工薪资账户。如果你有这种账户，你从收入账户或总营业支出账户提取资金，作为员工薪资使用。这个方法同样能协助你管理现金流，因为账户清楚扼要地指出这些资金将用在哪里。

（7）开设大型设备采购账户。和库存账户相似，如果你有大型采购计划，这个账户可用来追踪你的进度。每月 10 日和 25 日分配资金到这个账户，你将累积大型采购计划需要的资金。

（8）使用再投资账户。如果你收到大型项目的预付款，你可以把这些资金存进你的再投资账户。然后每个月将适当金额转入收入或营业支出账户。再投资账户协助你管理企业赚进钞票的真正现金流。

(9) 开设零用金账户。每月分配固定金额到零用金账户，这样做同样有助于追踪和管理你的小额账单支出。

(10) 开设销售税金账户。如果被征收营业税，你必须非常谨慎，应准时上缴给政府。如果你有一个账户，在每次销售时存入营业税，将确保该笔资金能按照要求支付。避免把这些资金当作自己钱包里的钱。

建议 4 不要为“每月开销”烦恼，相反，你要致力于取得你的报酬

中小企业老板有时因为“每月开销”——为了继续开门营业，每个月必须赚进的金额——而倍感压力。这会让你分心，因为这会让你专注于支出，而不是获利。

如果你专心创造利润，你的支出就不会有问题。专注每个月两次（10 日及 25 日）必须存入多少钱，才能得到非常良好的利润账户盈余。决定你要用什么方法创造更多利润，值得你全神贯注。

建议 5　继续活用帕累托法则

你已经知道 20%的顾客将为你创造 80%的收入。为了善用这点，你也已经试着排除最糟糕的顾客，同时开辟更多最佳顾客。也请不要忘记，80%的利润也来自你 20%的产品或服务。

当你把两者串在一起时，你会发现，你的部分顶级顾客买下大部分你所提供的获利产品或服务，而其他顾客选择的是利润最低的产品或服务。同样，少数最糟糕的顾客也购买了利润最高的产品或服务。

看看你可以做些什么，让那些糟糕的顾客可以买更多。与此同时，也要看看为了让最佳顾客购买更多高利润产品，你必须付出什么代价。随时以利润优先为重，让这个当务之急引导你的行动。

建议 6　锁定你的生活方式

许多创业家和中小企业老板，随着公司利润增加，生活成本也跟着水涨船高。如果你真正想要的是财务自由，这种做法帮不上忙。这个症状的解药是向自己保证，未来 5 年你会锁定相同的生活方式，你赚得的所有额外利润都可以用来实现财务自由的目标。

关键思维

在那些倍受尊敬的顶级顾客当中，谁定期购买高利润产品或服务？你即将撼动他们的世界，比他们更了解自己。这些顾客是你要复制的对象。记住，利润存在于产能之中。将购买高利润的产品或服务的最佳顾客纳入你的系统中，你的利润账户会出现飞跃性增长。

——迈克·米夏洛维奇

若要在你赚得的收入和支出之间尽可能建立最大差额，你可以试试以下点子：

◎ 每当你想做某件事时，暂停一下，寻找是否有任何免费替代方案可供选择。

◎ 当你能从二手产品获得相同好处时，绝对不买任何新产品（像是汽车，反正在你购买新产品的当下，它们就会变成二手货）。

◎ 绝对不用原价购买任何东西。

◎ 总是讨价还价，寻找更便宜的选择或替代方案。

◎ 延后任何重大采购计划，直到你写下 10 项采购替代方案，并彻底思考每项方案为止。

换句话说，过俭朴生活，不要表现出浪费挥霍的样子。每当你的收入增加时，承诺只花费增加额度的一半（或更少），然后存下剩余部分。储蓄增加的速度越快，实现财务自由的目标也就越快。

建议 7　教导你的孩子要有利润优先的观念

每个人都希望自己的孩子有美满的人生。为了协助孩子有更光明的未来，你可以做得最棒的一件事就是教他们先确保利润，再配合剩余金额调整支出。

实现目标的好方法之一就是让他们及早养成好习惯。交给你的孩子每人 5 个信封，将每个信封标记如下：

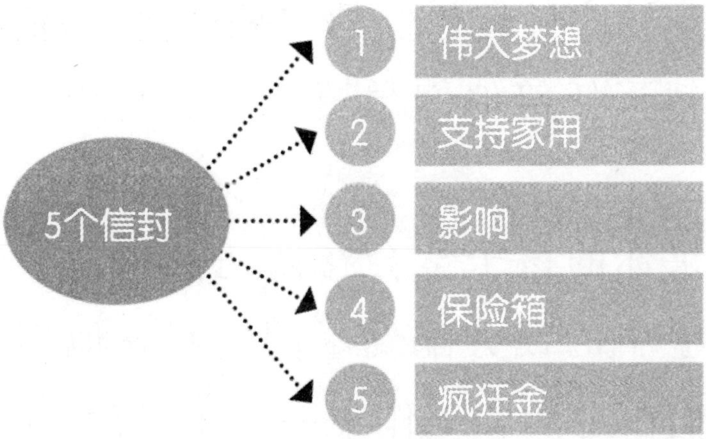

◎ 1 号信封是“伟大梦想”专用信封。这笔钱应该用来买大件的东西。让孩子将做家务得到的零用钱或红包的 25%存进这个信封。

◎ 2 号信封是“支持家用”专用信封。让每个孩子每个星期贡献一点钱，即使一星期只有5元也没关系。他们必须习惯这么做。

◎ 3号信封是“影响”专用信封。让孩子把收入的5%到10%存进这个信封，可以捐钱给他们选择的慈善机构，或是开创自己的事业。

◎ 4号信封是“保险箱”。让孩子存下10%的资金作为应急金。你希望他们永远用不到这笔钱，但这个信封教导他们做好万全准备。

◎ 5号信封是他们的“疯狂金”。他们可以用这笔钱买任何他们想要、让他们感到开心的东西。

如果你的孩子学会在做任何其他事情之前总是将手中的钱分配到不同信封，他们就会养成让他们在生活和工作中一辈子受用的好习惯。这个方法也会让他们做好准备，面对真实的世界。

关键思维

过利润优先的生活不必痛苦难受。我不是要你卖掉所有东西，住茅屋，就着烛光工作，或是吞下你在森林里找到的任何食物。我甚至没有要你放弃热爱的东西。我只是提出建议，如果你想要真正的财务自由，你必须放弃关于你“需要”什么的主观想法，开始赋予财务自由比你在做的事情更高的价值。这不是什么艰深的学问，而且不会要了你的命，我保证。

——迈克·米夏洛维奇

如果逻辑成立，每个人都能致富。道理很简单——花的比赚的少。你一直知道这个原则，但现在你明白只有逻辑没有用。善用情感和行为才是最强大的获利工具。利润优先，永远不变。

——迈克·米夏洛维奇

我曾经在小公司、大企业、未上市公司，甚至是上市公司教授利润优先系统。这个系统对所有这些公司都有帮助，对你也是一样。我向你保证，如果你遵照利润优先系统经营事业，那么你的公司将从下一笔款项入账那一刻起永久获利。

——迈克·米夏洛维奇